e스포츠, 나를 위한 지식 플러스

지은이 조형근
펴낸이 임상진
펴낸곳 (주)넥서스

초판 1쇄 발행 2017년 7월 25일
초판 2쇄 발행 2017년 7월 30일

출판신고 1992년 4월 3일 제311-2002-2호
10880 경기도 파주시 지목로 5 (4층)
Tel (02)330-5500 Fax (02)330-5555

ISBN   979-11-6165-093-7   13690

가격은 뒤표지에 있습니다.
잘못 만들어진 책은 구입처에서 바꾸어 드립니다

이 책의 일부 이미지는 넥슨과 라이엇 게임즈의 허락을 받아 실었습니다.

www.nexusbook.com
넥서스BOOKS는 넥서스의 실용 브랜드입니다.

넥서스BOOKS

NEXON
CRAZYRACING
KARTRIDER

당신은 e스포츠를 좋아하나요?

1990년대 후반, e스포츠는 다소 생소한 느낌으로 우리 앞에 다가왔습니다. 밀레니엄 시대를 대비하듯 가정에는 컴퓨터가 보급되었고 무선 인터넷의 발전은 온라인 게임의 전성기를 열어주었습니다. PC방이라는 새로운 공간이 유행을 따라 우후죽순으로 생겨났습니다. 이내 누군가가 게임을 하는 모습이 야구, 축구와 같은 스포츠 중계처럼 방송되었습니다. 프로게이머라고 불리는 새로운 직업이 생겼고, 시간이 지나면서 e스프츠라는 용어가 점점 익숙해졌습니다.

e스포츠는 어느덧 우리나라를 대표하는 문화 콘텐츠가 되었습니다. 우리나라의 e스포츠는 여러 나라에 소개되고 타국에서 우리나라 e스포츠의 시스템을 배우기 위해 찾아옵니다. 브라질의 축구 황제 호나우두는 자국의 e스포츠 클럽에 투자하며 "한

국으로 전지훈련을 가는 것은 팀의 실력을 향상시킬 수 있는 방법이다. 나도 함께 가서 많은 것을 배우겠다"라고 말했습니다. 각국의 e스포츠 팀은 우리나라 선수를 스카우트하기 위해 공을 들입니다. 이러한 사실을 증명하듯이 대한민국 프로게이머들은 넓은 세계를 종횡무진으로 활약합니다. 출전하는 대회마다 뛰어난 기량을 발휘해 우승 트로피를 들어 올리고, 전 세계 게임 팬들은 선수들에게 아낌없는 환호를 보냅니다. 지금도 각 대륙에서는 크고 작은 대회가 개최됩니다. 이 순간에도 셀 수 없이 많은 경기가 치러지고 있습니다. 마치 스포츠 경기를 관람하러 가는 것처럼 게임 팬들은 e스포츠 경기장으로 발걸음을 옮깁니다.

e스포츠라고 하면 어떤 이미지가 떠오르나요? 누군가에게는 학창 시절을 함께한 친구와 같을 수도 있고, 어떤 이에게는 없어서는 안 될 소중한 무엇일 수도 있습니다. 취미 생활 그 이상도 그 이하도 아니라고 생각하는 사람도 있을 겁니다. 자녀가 게임에 빠져 속상한 부모님에게는 이보다 나쁜 게 없다고 생각할 수도 있습니다. 각자가 처한 상황에 따라 e스포츠를 바라보는 눈이

조금씩 다를 것입니다. 저는 e스포츠 하면 청춘들이 꿈을 향해 최선을 다하는 모습이 떠오릅니다. 겨울과 봄 사이에 꽃을 피우기 위해 치열하게 경주하는 벚꽃과 닮았습니다. 많은 사람들의 긍정과 부정적인 시선 속에서 e스포츠는 생명력을 키워나갔습니다. 푸른 싹을 틔우고, 가지를 곧게 뻗어 꽃잎을 화려하게 흩날렸습니다.

1980년대 전자오락실이 들어섰을 때는 어두컴컴한 조명과 탁한 공기로 인해 나쁜 사람들이 모이는 곳이라는 인식이 많았습니다. PC방이 처음 생겼을 때도 마찬가지였습니다. 모니터 옆에 수북이 쌓인 담배꽁초와 컵라면 용기는 게임 폐인이 거주하는 곳이라는 이미지를 주었습니다. 부모는 자녀가 게임을 하지 못하도록 훈육했고, 오락실에 가거나 PC방에 가면 꾸중을 했습니다. 자녀는 부모의 눈치를 살펴가며 게임을 할 수밖에 없었습니다. 이제는 상황이 많이 바뀌었습니다. 오락실은 환한 조명과 다채로운 놀이거리를 자랑하며 연인들이 데이트를 즐기는 장소로 바뀌었고, PC방은 남녀노소 누구나 시간을 보낼 수 있는 문화 장

소가 되었습니다. 게임 산업은 나날이 발전하고 있고 e스포츠 시장은 우리나라를 넘어 세계로 무대를 확장했습니다. 이제는 게임과 e스포츠를 좁은 시각으로 바라볼 때가 아니라 넓은 시야로 바라보아야 할 시점이 되었습니다.

출판사로부터 e스포츠에 관한 지식과 정보를 제공하는 책을 집필해보자는 제안을 받았을 때 조금 망설였습니다. 다년 동안 프로게이머로 활동했지만 눈에 띄게 좋은 성적을 거둔 것은 아니었고, 선수를 은퇴한 지도 꽤 시간이 지났기 때문입니다. 그러나 e스포츠가 좀 더 많은 대중에게 알려지는 데 도움이 될 수 있겠다는 생각이 들어 용기를 냈습니다. 프로게이머가 어떤 생활을 하고, 어떻게 하면 프로게이머가 될 수 있는지 알려주는 책은 많았지만 e스포츠 전반을 폭넓게 다루는 책은 없었습니다. e스포츠가 태동하고 성장하는 모습을 두 눈으로 바라본 입장에서, 프로게이머로 활동했던 선수이자 e스포츠를 응원하는 팬으로서 지난 20년 e스포츠 역사와 기억을 짚어가며 글을 썼습니다. e스포츠에 관심을 가진 모든 분들에게 유익한 교양서가 되었으면

좋겠습니다. 더불어 좀 더 나은 e스포츠 환경을 구축하는 데 이 책이 조금이나마 보탬이 된다면 더할 나위가 없겠습니다.

책을 집필하면서 많은 분들에게 격려와 조언을 받았습니다. 전병헌 국제e스포츠연맹 회장님, 남정석 기자님, 전용준 캐스터님, 임요환, 강도경, 홍진호, 박정석 선배님은 원고를 읽고 흔쾌히 추천사를 보내주었습니다. 한국e스포츠협회 조만수 사무총장님, 서형석 사무국장님, 김철학 기획운영국장님, 이재균 기획운영팀장님, 김종성 홍보팀장님 외 임직원 여러분께서는 자기 일처럼 원고를 보완해주시고 다방면으로 도움을 아끼지 않으셨습니다. 넥서스 출판사는 부족한 원고를 다듬고 좋은 책으로 만들어주었습니다. 모든 분들께 머리 숙여 감사드립니다. 마지막으로 책 구성과 정보 수집을 위해 가정에 소홀히 할 때가 많았지만 이해해주고 응원해준 아내와 가족에게 진심으로 고맙다는 말을 전하고 싶습니다.

조형근

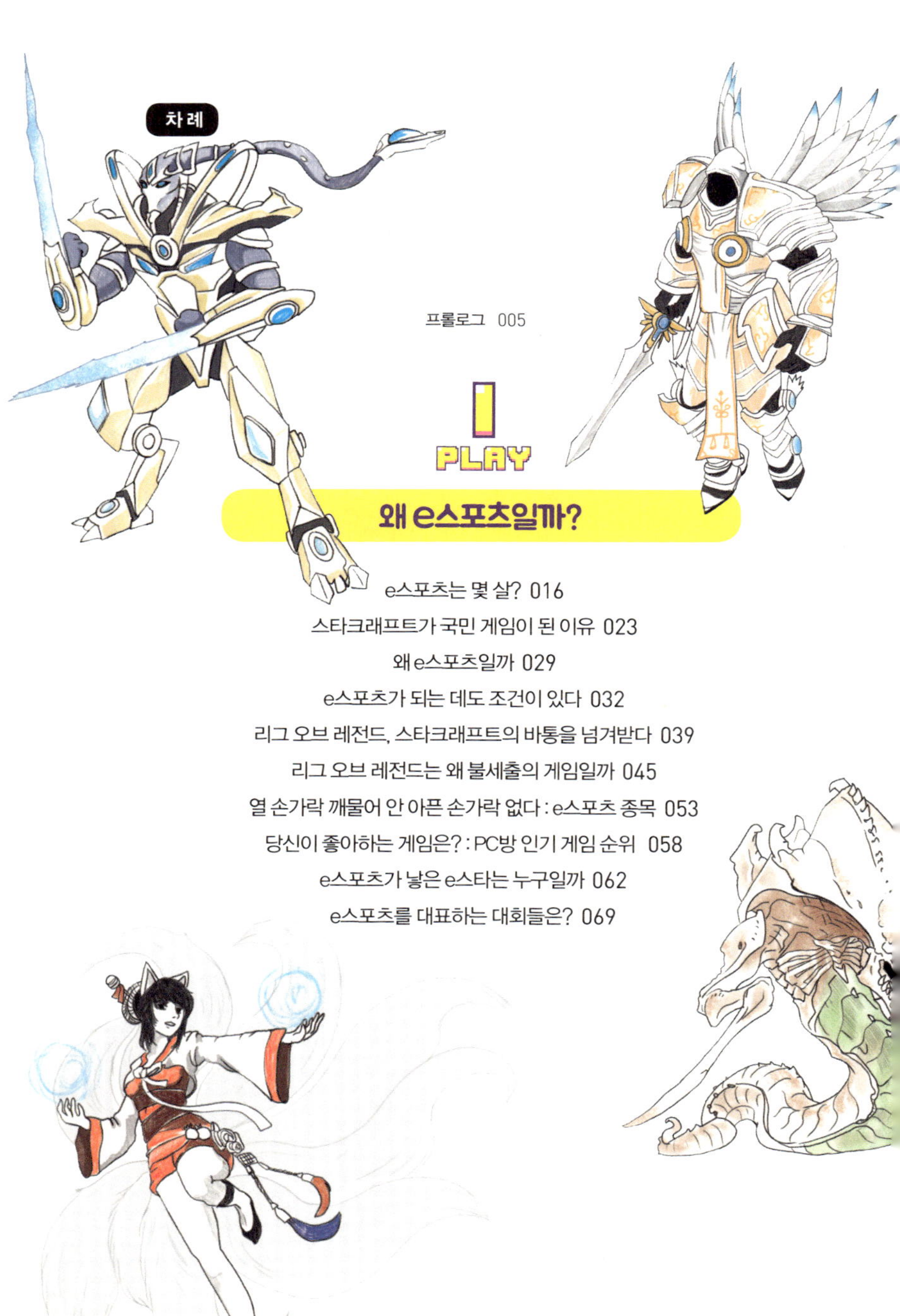

2 PLAY

e스포츠, 아는 만큼 보인다

3 PLAY

청와대가 임요환 선수를 초대한 이유

프로게이머는 은퇴 후에 무엇을 하나요?

왜 e스포츠 일까?

이제는 컴퓨터 앞에 앉으면 언제 어디서나 함께 게임을 할 상대를 찾을 수 있습니다. 사람은 자기가 알고 있는 정보를 누군가와 공유하려 하고 같이 무언가를 즐기고 싶어 하는 사회적 동물입니다. 유저들은 혼자 게임하는 것보다 함께 게임을 할 누군가를 찾습니다.

e스포츠는 몇살?

e스포츠라는 용어를 알고
있나요? 또는 들어본 적이
있나요? 게임을 좋아하는 사
람이라면 e스포츠라는 단어
가 낯설지 않을 겁니다. 게임
을 좋아하지 않는 사람이라도
프로게이머라는 직업이 있다
는 것, 많은 청소년들이 PC방
에서 게임을 즐기는 것 정도는 알고

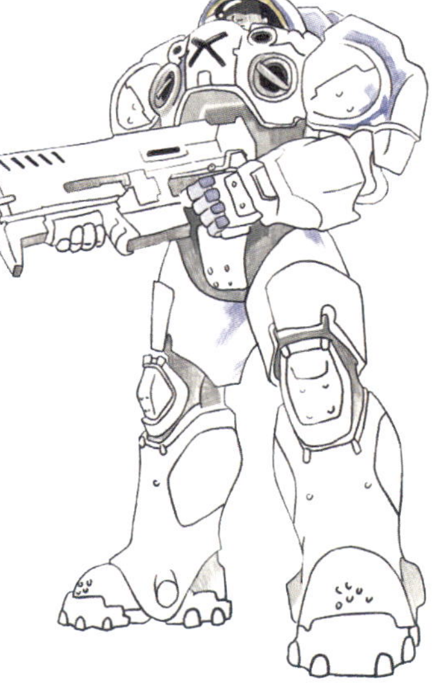

스타크래프트 머린

있을 겁니다. 어느덧 e스포츠는 우리 사회 잘 보이는 곳에 자
리를 잡았습니다.

　e스포츠는 언제 어디서부터 시작되었을까요? 앞으로 e스포츠와 함께 여행을 떠나기 위해 먼저 e스포츠가 무엇인지 알아볼 필요가 있습니다. e스포츠는 'electronic sports'의 약자로 'electronic'은 '전자의'라는 의미를 가지고 있습니다. 직역하면 전자 스포츠가 됩니다. 전자 스포츠라고 하니 뭔가 조금 어색하게 느껴집니다. 포털 사이트에서 e스포츠를 검색하면 다음과 같은 정의를 볼 수 있습니다.

　"e스포츠란 컴퓨터 및 네트워크, 기타 영상 장비 등을 이용하여 승부를 겨루는 스포츠로 지적 능력 및 신체적 능력이 필요한 경기이다. 대회 또는 리그와 같은 현장으로의 참여, 전파를 통해 전달되는 중계의 관전, 그리고 이와 관계되는 커뮤니티 활동 등의 사이버 문화 전반 또한 e스포츠 활동에 속한다."
(스포츠 백과, 국민생활체육회)

　설명이 조금 어렵죠? 간단하게 이야기하면 게임을 매개체로 상대방과 승부를 가리는 행위라고 볼 수 있습니다. 넓은 관점에서 보면 수백 명의 관중 앞에서 게임을 하고 있는 유명한 프로게이머도, 옆 동네 PC방에서 옥신각신하며 게임을 하고 있는 철수와 영희도 e스포츠를 즐기고 있다고 볼 수 있습니다. 하지만 철수와 영희의 플레이에 많은 사람들이 환호성을 지르거나 열광하지는 않습니다.

　그래서 좁은 관점에서는 공식 경기장에서 프로게이머들이 게임을 하고, 이 게임을 중계하는 캐스터, 해설자가 존재하며, 게임을 관람하는 시청자가 있는 경우를 e스포츠라고 볼 수 있습니다. 많은 사람들이 생각하는 e스포츠의 정의는 이와 같을 거라고 생각합니다.

　흔히 스포츠라고 하면 우리는 쉽게 야구, 축구, 농구 같은 구기 종목을 떠올립니다. 누구나 손쉽게 접할 수 있는 스포츠이기도 하고, 그만큼 대중적이고 재미있기 때문입니다. 야구를 좋아하는 관객들은 4번 타자가 홈런을 치거나 유격수가 좋은 수비를 보여주면 열광합니다. 축구를 좋아하는 팬들은 미드필더의 화려한 발재간과 공간을 활용하는 플레이를 보면서 전율을 느낍니다. 마찬가지로 프로게이머의 경기를 보면서 손에 땀을 쥐고 몰입하는 관객들이 있습니다. 이런 관심 덕분에 게임을 e스포츠라고 부를 수 있게 되었습니다.

　e스포츠가 지금처럼 활성화된 것은 어쩌면 예정된 수순이었는지도 모르겠습니다. "모든 가정에 컴퓨터를 한 대씩 두게 만들겠다"라고 선언한, 당시에는 미친 소리 취급을 받았던 마이크로소프트의 창시자 빌 게이츠의 말처럼 우리나라 가정에는 빠른 속도로 컴퓨터가 보급되었습니다. 눈부신 경제 발전에 힘입어 가정에는 컴퓨터를 구입할 만한 경제적 여유가 생

졌습니다.

　정부의 정책도 뒷받침했습니다. 2000년대 초반, 정부는 IT 강국을 목표로 무선 네트워크 서비스를 발전시키고, 각종 통신 산업에 대한 지원을 확대했습니다. 이제 한 가정에 컴퓨터는 기본이고 노트북, 태블릿 PC, 스마트폰 등 컴퓨터를 대체할 수 있는 기기까지 보유하고 있는 경우도 많습니다. 불과 20년 전만 해도 상상할 수 없는 일이 현실이 되었습니다.

　10년이면 강산도 변하듯이 우리는 짧은 시간에 미디어 기기에 둘러싸였고, 컴퓨터를 능숙하게 다루지 못하면 뒤처지는 세상이 되었습니다. 아주 빠른 속도로 컴퓨터와 무선 통신이 우리의 삶에 깊숙이 스며들었고, 이는 e스포츠라는 새싹이 자랄 수 있는 토대가 되었습니다.

　물론 컴퓨터가 보급되기 이전에도 사람들은 게임을 즐겼습니다. 지금은 추억이 되어버린 재믹스, 슈퍼컴토이 같은 게임기도 유행했습니다. 동네에 한두 군데쯤은 있었던 오락실에 가서 조이스틱을 조작하고 손가락이 아플 정도로 버튼을 두드리기도 했습니다. 하지만 컴퓨터의 보급과 무선 네트워크 서비스의 발전은 게임을 하는 데 시간과 공간의 한계를 없애버렸습니다. 예전에는 친구와 함께 게임을 하기 위해서는 약속 시간을 정해서 오락실로 가야 했습니다. 아니면 게임기가 있는 친구 집에 놀러 가거나 친구를 자기 집으로 불러야 했습니다.

그러나 이제는 컴퓨터 앞에 앉으면 언제 어디서나 함께 게임을 할 상대를 찾을 수 있습니다. 사람은 자기가 알고 있는 정보를 누군가와 공유하려 하고 같이 무언가를 즐기고 싶어 하는 사회적 동물입니다. 유저들은 혼자 게임하는 것보다 함께 게임을 할 누군가를 찾습니다. 시간과 공간을 초월하는 온라인 게임은 무선 통신을 등에 업고 서서히 주류 문화로 자리 잡기 시작했습니다.

컴퓨터를 잔뜩 모아두고 한곳에서 게임을 할 수 있는 PC방이라는 새로운 공간도 생겨났습니다. PC방을 처음 본 사람 중에서는 이렇게 생각하는 사람도 있었습니다. '집에서 게임을 하면 편안하게 할 수 있는데, 어느 누가 자기 발로 PC방을 찾아가겠어? 조만간 쫄딱 망하겠군.' 하지만 PC방이 손님들로 꽉 차 있는 모습, 자리가 없어서 사람들이 기다리는 모습을 보고 이들의 입은 쩍 벌어졌을 겁니다. 곧 너도나도 PC방을 오픈하기 시작했습니다.

이러한 분위기 속에서 한 게임이 출시되었습니다. 바로 스타크래프트(starcraft)라는 게임입니다. e스포츠를 이야기하면서 스타크래프트를 빼놓을 수는 없습니다. 스타크래프트

스타크래프트

없는 e스포츠는 단팥이 빠진 찐빵이나 마찬가지이기 때문입니다. 게임을 스포츠라고 부를 수 있게 된 것은 스타크래프트 덕분이라고 해도 과언이 아닙니다. e스포츠의 기틀을 잡고 지금과 같은 게임 문화 산업의 토대를 쌓은 것도 스타크래프트에서 시작되었습니다. 스타크래프트는 사람들을 PC방으로 모이게 만들었고 PC방 사장님들은 가게를 홍보하기 위해 크고 작은 대회를 개최했습니다. 대회 참가자뿐 아니라 스타크래프트를 좋아하는 사람들은 대회를 구경하기 위해 PC방으로 모였습니다. 이는 게임을 e스포츠라고 부를 수 있는 첫 걸음이 되었습니다. 앞으로 이야기할 e스포츠는 이렇게 서서히 시작되었습니다.

e스포츠의 나이는 몇 살일까요?

그렇다면 e스포츠의 나이는 몇 살일까요? 게임을 마치 축구 경기처럼 중계하기 시작한 것은 1999년부터입니다. 케이블 방송국 '투니버스'는 PKO(프로게이머 코리아오픈)라는 명칭으로 스타크래프트 경기를 중계했습니다. 당시 선수들은 사이버 전사와 같은 의상을 입고 경기에 임해 화제가 되기도 했습니다. 아직 e스포츠라는 용어가 통용되지 않았을 때였지만 게임을 전국에 중계했다는 데 의미를 부여한다면 이때가 e스포츠의 탄생일이라고 볼 수도 있습니다.

이런 관점에서 보면 현재 e스포츠의 나이는 18살입니다. 사람으로 치면 고등학교 2학년 나이로, 신체가 가장 건강할 때입니다. 아직 20년 정도밖에 되지 않는 짧은 역사지만 e스포츠는 우리의 삶에 많은 영향을 주고 있습니다. 지금 이 순간도 여러 사람들은 e스포츠를 즐기고 있습니다. e스포츠가 청년기를 지나 장년기가 될 때까지 오랫동안 양분을 받으며 무럭무럭 자라기를 기대해봅니다. 그리고 기왕이면 영생불멸의 존재가 되기를 바라봅니다.

스타크래프트가 국민 게임이 된 이유

앞서 스타크래프트가 e스포츠의 시발점이 되었다고 이야기했습니다. e스포츠 공식 종목에는 스타크래프트를 포함해 다양한 게임이 있지만 스타크래프트는 e스포츠라는 새로운 문화 장르를 개척했기에 그 의미가 특별합니다. 스타크래프트

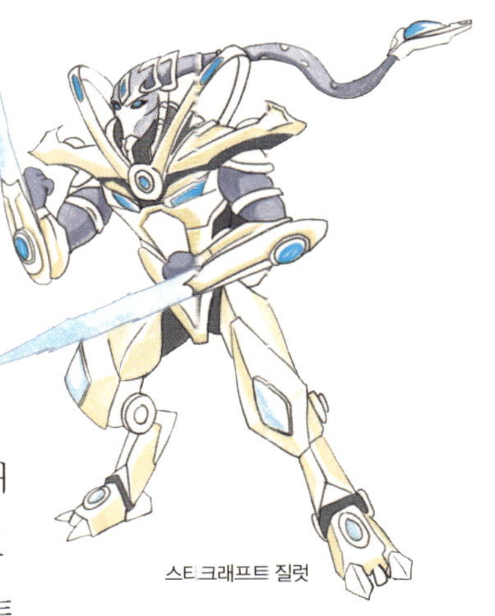

스타크래프트 질럿

에 대해 이해하는 것은 e스포츠 전반을 이해하는 데 큰 도움이 됩니다. 스타크래프트에는 어떠한 특징과 매력이 있기에 e스포츠라는 하나의 문화를 만들 수 있었을까요?

우수한 게임성

스타크래프트가 말 그대로 국민 게임이 된 가장 큰 이유는 우수한 게임성 덕분입니다. 1990년대 중반, 미국 게임 제작사 블리자드는 워크래프트1, 워크래프트2, 디아블로의 성공에 이어서 스타크래프트 출시를 준비하고 있었습니다.

게임 쇼에서 야심차게 첫 공개한 스타크래프트는 기대와는 다르게 "워크래프트의 싸구려 우주판", "대충 그래픽만 바꾼 게임"이라는 혹평을 받았습니다. 게다가 라이벌 회사의 수준 높은 게임을 눈으로 확인한 블리자드는 완성도 높은 게임을 만들기 위해 출시일까지 미루고 전면 수정에 들어갔습니다. 지금까지 개발한 프로젝트를 완전히 뒤엎는 결정을 하는 것은 쉽지 않은 일이었습니다. 개발자들은 만들었던 게임을 폐기하고 다시 처음부터 개발해야 했습니다. "출시일에 쫓겨 불만족스러운 게임을 내놓기보다 늦더라도 완벽한 게임을 만드는 것이 사용자에 대한 예의"라는 블리자드의 회장인 마이크 모하임의 말처럼, 블리자드의 개발 철학은 스타크래프트를 좀 더 완벽한 게임으로 만들었습니다.

저그, 테란, 프로토스 세 가지 개성 넘치는 종족이 만들어내는 절묘한 밸런스, 깔끔하고 화려한 그래픽, 긴장감을 고조시키는 배경 음악, 박진감 넘치는 전투 효과음, 세밀한 게임 스토리 등은 지금 출시되고 있는 게임과 견주어 봐도 손색이 없을 정도입니다. 맛있는 나물과 반찬으로 가득한 비빔밥처럼 스타크래프트는 유저의 입맛을 사로잡을 준비를 마치고 세상에 나왔습니다.

마이크 모하임 ⓒ aaron biggs

북미에 이어 우리나라에 출시됐고 곧바로 선풍적인 인기를 끌었습니다. 스타크래프트는 PC방 산업을 발전시켰고 PC방은 스타크래프트의 인기를 더해주는 선순환 구조가 형성되었습니다. 유저들은 하루 24시간 스타크래프트에 빠져들었습니다. 이러한 열기가 e스포츠로 통하는 문을 활짝 열어주었습니다.

1세대 프로게이머이자 OGN에서 활동하고 있는 김정민 해설자는 "스타크래프트가 출시되고 프로게이머를 은퇴할 때까지 한순간도 스타크래프트에서 손을 놓지 않았다"고 말했습니다. 그만큼 스타크래프트는 유저의 눈과 손을 사로잡았습니다. 뛰어난 게임성은 이후에 발매되는 게임들에도 지대한 영향을 미쳤습니다.

스타크래프트는 출시 20년이 다 되어가지만 아직도 많은 팬들의 사랑을 받고 있습니다. 블리자드는 이에 보답이라도 하듯, 2017년 여름에 스타크래프트 리마스터를 출시했습니다. 일부 네티즌들은 스타크래프트를 민속놀이, 유형 문화재로 지정해야 한다는 농담을 하기도 합니다. 게임의 완성도가 얼마나 중요한지 반증하는 일이라고 볼 수 있습니다.

배틀넷 서비스

스타크래프트는 인터넷 네트워크를 활용해 배틀넷이라는 가상공간으로 접속할 수 있습니다. 하이텔, 천리안 같은 PC 통신에 접속하듯이 배틀넷에 접속하면 전 세계 수많은 유저들을 만나고 그들과 게임을 할 수 있습니다. 공간의 제약을 받지 않고 다른 사람과 게임을 즐길 수 있게 된 것은 놀라운 일이었습니다. 유저들은 하나둘 배틀넷으로 모여들었습니다.

배틀넷은 다른 사람과 함께 게임을 즐기고 싶은 유저들의 욕망을 채워주었습니다. 유저들은 배틀넷에서 게임도 하고 다른 유저들과 채팅을 하며 시간을 보냈습니다. 배틀넷은 유저와 유저를 긴밀하게 연결하는 통로가 되었고, 스타크래프트를 더 재미있게 즐길 수 있는 촉매제가 되었습니다.

아무리 재미있는 콘텐츠라고 해도 혼자 즐기는 데에는 한계가 있는 법입니다. 비록 게임 속 가상공간이지만 새로운 친

구를 사귀고 그들과 함께 게임을 할 수 있다는 사실은 많은 이
들을 흥분시켰습니다. 지금은 아주 당연한 것처럼 느껴지지
만 당시에는 굉장한 문화 충격으로 다가왔습니다. 배틀넷은
우리나라 인터넷 보급에 견인차 역할을 하며 큰 인기를 끌었
고, 영어 사전에 고유명사로 등록되기도 했습니다. 블리자드
는 스타크래프트 이외에도 월드 오브 워크래프트, 하스스톤,
히어로즈 오브 더 스톰, 오버워치와 같은 게임들을 운영하기
위해 계속해서 배틀넷 서비스를 활용하고 있습니다.

쉬운 조작 방법

아무리 재미있는 게임이라고 해도 난이도가 높으면 쉽사리
손이 가지 않습니다. 남들은 재미있다고 하는데 나는 재미가
없다면 게임이 난해하거나 익숙해지는 데 시간이 오래 걸리
기 때문인 경우가 많습니다.

스타크래프트는 참 배우기 쉬운 게임입니다. 유저를 세심
하게 배려한 부분이 곳곳에서 느껴집니다. 오른손은 마우스
를 쥐고 왼손은 키보드 자판에 올린 상태로 양손을 편안하게
활용해 게임을 할 수 있습니다. 유저가 마우스와 키보드를 통
해 명령을 내리면 유닛들이 바로 명령을 수행합니다. 게임 화
면을 보면 어떠한 상황이 전개되고 있는지 쉽게 인지할 수 있

습니다. 건물을 짓거나 유닛을 생산하는 모든 명령어에는 단축키가 설정되어 간편하고 효율적으로 게임을 즐길 수 있습니다.

컴퓨터 게임은 주로 남성이 즐기는 오락이라는 이미지가 강했지만 진입 장벽이 낮은 스타크래프트는, 게임을 남녀노소 누구나 즐길 수 있는 문화로 만들었습니다. PC방에서 스타크래프트를 즐기는 여성 유저가 늘어났습니다. 이들은 스타크래프트를 하는 것에 그치지 않고 e스포츠를 직접 관람하기 위해 적극적으로 경기장을 찾았습니다. 김가을, 서지수, 이종미 선수 등 여성 프로게이머가 큰 인기를 끌기도 했습니다.

스타크래프트에는 앞에서 언급한 세 가지 특징 이외에도 여러 가지 재미있는 요소들이 많이 담겨 있습니다. 유저가 새로운 맵을 제작할 수 있는 '유즈맵 세팅', 유저들의 실력을 확인할 수 있는 '래더 시스템', 바둑 기보를 보듯이 게임을 복기할 수 있는 '리플레이 시스템' 등 다양한 콘텐츠들은 스타크래프트를 롱런하게 만들었습니다. 우스갯소리지만 이 정도면 스타크래프트에 정말로 민속놀이 타이틀을 쥐어줘도 괜찮지 않을까요?

왜 e스포츠일까

우리는 언제부터 게임을 스포츠라고 부르기 시작했을까요? 스타크래프트가 인기를 얻고 크고 작은 대회가 개최되자 언제인가부터 e스포츠라는 용어를 조금씩 사용하기 시작했습니다. 그런데 왜 하필이면 e스포츠일까요? e스포츠 말

스타크래프트 히드라리스크

고도 다른 멋진 용어를 사용할 수 있을 텐데 말입니다.

최초로 e스포츠라는 용어가 사용된 것은 20세기 말입니다. 게임 주간지 〈더게임스〉의 특별 기획에 따르면 1990년대 말

해외 언론에서 e스포츠(Electronic Sports)라는 용어를 간간이 사용하던 것을 1999년 〈전자신문〉에서 e스포츠 섹션을 구성하면서 처음 쓰기 시작했다고 합니다. 당시 'e스포츠'는 공식 명칭이 아니었습니다. '게임 스포츠'라고 하는 사람도 있었고 '사이버 스포츠'라고 칭하는 사람도 있었습니다. 그러던 중 2000년 초 당시 박지원 문화관광부 장관이 21세기프로게임협회(현 한국e스포츠협회) 창립 기념 축사에서 e스포츠라는 용어를 사용했습니다. IT 산업 발전을 정책 기조로 삼았던 김대중 정부는 e스포츠의 융성과 활성화를 위해 게임을 하나의 스포츠로 인정했던 것입니다.

이후 e스포츠라는 용어는 사회 전반에 걸쳐 폭넓게 사용되었습니다. e스포츠 관련 종사자와 팬들은 단순한 게임을 하는 것이 아니라 스포츠 생태계를 구성하는 일원으로 참여했습니다. 게임은 어린아이들의 심심풀이 오락에서 모든 사람이 즐기는 문화로 자리매김했습니다. 21세기프로게임협회는 2005년 한국e스포츠협회로 이름을 바꾸어 지금까지 왕성한 활동을 펼치고 있습니다.

e스포츠는 이제 전 세계에 통용되는 고유명사가 되었습니다. 혹자는 e스포츠가 꼭 스포츠일 필요가 있느냐고 지적합니다. 스포츠가 아니더라도 누구나 즐길 수 있는 문화로 자리

잡았으면 그만이지 꼭 스포츠로 분류해야 되느냐고 묻습니다. 이들의 말에도 일리가 있지만 e스포츠는 스포츠의 필수 요소들을 두루 갖추고 있기에 스포츠라고 불려도 손색이 없다고 생각합니다. 스포츠로 인정받으면서 e스포츠가 얻을 수 있는 이점도 많을 것입니다.

e스포츠인지, 게임 스포츠인지, 아니면 다른 용어든지 용어 그 자체가 핵심은 아닙니다. 게임 문화가 하나의 시대 흐름으로 받아들여질 수 있는 인식의 변화가 중요합니다. 우리 사회의 생각에 따라 문화의 선도자가 될 수도 있고 추종자가 될수도 있습니다. 새로운 문화를 받아들일 준비가 되어 있는 사회는 제2의, 제3의 e스포츠를 창조할 수 있습니다. 선입견을 가지지 않고 현상의 긍정적인 부분을 바라볼 수 있는 사회가 되기를 바라봅니다.

e스포츠가 되는 데도 조건이 있다

요즘에는 어디서든 게임과 관련된 정보를 접할 수 있습니다. 유명 연예인들이 게임 광고에 출연하는 모습을 볼 수 있습니다. 케이블 방송이 아닌 공중파 방송에서도 화장품, 전자 제품, 의류 광고처럼 게임 광고를 자주 접하는 시대가 되었습니다. 불과 몇 년 전만 해도 게임 광고가 공중파 방송에 나오리라고 생각한 사람은 없었습니다. 게임은 어느덧 우리 사회 깊숙이 들어왔습니다.

대중교통을 이용하면 버스나 지하철 곳곳에 게임 광고판이 붙어 있다는 사실을 알 수 있습니다. 지인들은 새로운 게임을 시작했다며 같이 해보지 않겠느냐고 권유합니다. 직장인들은 출퇴근 시간과 쉬는 시간을 이용해서 스마트폰으로 게임을 즐깁니다. 거리에는 PC방이 즐비합니다. 메신저 서비스는 게임과 연동해 새로운 게임을 계속 추천합니다. 마음만 먹으면 언제 어디서든 게임을 할 수 있는 게임 시대가 되었다고 해도 과언이 아닙니다.

게임 제작, 개발과 관련한 서비스를 제공하는 유니티 코리아에 따르면, 2016년 2분기 동안 유니티 기반으로 출시된 게임의 숫자는 전 세계 23만 개라고 합니다. 한 해에 이렇게 많은 게임이 출시된다는 사실에 놀랍기도 한데, 게임을 좋아하는 사람에게는 기쁜 소식입니다.

이를테면 하루 평균 100개의 게임이 출시된다고 가정해봅시다. 게임 마니아 A군은 오늘도 게임을 즐기고 있습니다. 같은 게임을 오랫동안 하지 못하고 금방 질리고 마는 A군은 내일은 무슨 게임을 할지 걱정할 필요가 없습니다. 하룻밤 자고 일어나면 새로운 게임 100개가 A군 앞에서 꼬리를 흔들고 있을 테니까요. A군은 게임 하느라 지친 몸을 침대에 붙이며 잠에 듭니다. '내일은 어떤 게임을 해볼까?'라는 즐거운 고민을 하면서 말입니다.

물론 새로운 게임을 찾고 즐기기 위해서는 게임을 찾는 데 수고를 들여야 하고, 물리적, 정신적 비용이 만만치 않게 들겠지만 돈과 시간의 여유만 있다면 매일 새로운 게임을 즐길 수 있습니다. 우리는 평생 게임을 해도 모든 게임을 다 즐길 수 없는 게임의 홍수 속에서 살고 있습니다.

한 해에 출시되는 수많은 게임 중에 e스포츠 종목이라고 부를 수 있는 게임은 많지 않습니다. 20년 e스포츠 역사에서 큰 인기를 구가하는 게임은 손에 꼽을 정도입니다. 그렇다면 게임의 어떤 요소로 인해 어떤 게임이 e스포츠 종목이 되는 것일까요? 여러 기준이 있을 수 있지만 크게 두 가지 측면에서 e스포츠의 필수 조건에 대해 알아보겠습니다.

대중성

첫째, 대중적이어야 합니다. 자본주의 사회는 수요와 공급이 균형을 이루며 유지됩니다. 예를 들어 서울에 사는 B양이 어느 날 고급 브랜드 뺨치는 예쁜 옷을 만들었다고 주장합니다. B양은 고민 끝에 이 옷에 100만 원의 가격을 매겨 동대문 시장에 진열했습니다. 사람들은 쇼핑을 하다가 100만 원짜리 옷을 보며 눈이 휘둥그레집니다. 여기가 동대문 시장인지 백화점인지 착각이 들 겁니다. 여기저기 옷을 둘러보고는 100만 원의 가치는 없다고 판단하며 자리를 뜹니다. 무슨 이런 옷이 100만 원이나 하느냐고 투덜대면서 말이죠. B양은 당황합니다. 본인이 생각하기에는 100만 원의 가치가 있다고 생각하는데, 고객은 전혀 그렇게 생각하지 않았습니다. 공급자와 수요자의 생각이 다른 것입니다. B양은 어쩔 수 없이 가격을 떨어트리기를 반복하다가 수요자가 합리적이라고 판단하는 금액까지 가격을 낮출 것입니다.

다시 자리를 옮겨 e스포츠 시장을 살펴보겠습니다. 수요와 공급의 관점에서 e스포츠의 공급자는 누구일까요? 게임을 만드는 게임 회사, 대회나 리그가 개최될 수 있도록 상금과 진행 비용을 후원하는 기업, 게임을 중계방송하고 원활한 진행을 돕는 방송국, 협회 등이 있습니다. 오늘도 밤을 서워가며 연습을 하는 프로게이머와 아마추어 선수들도 있습니다.

그렇다면 수요자는 누구일까요? 게임을 좋아하는 일반 대중입니다. PC방에서 게임을 하는 사람들, e스포츠 경기를 관람하러 경기장으로 찾아오는 팬들, 경기 결과에 대해 인터넷 광장에서 토론하고 게임에 대한 2차 콘텐츠를 성산하는 익명의 사람들입니다. 이런 수요자가 많으면 많을수록 그 게임은 e스포츠에 가까워집니다. 수요자가 찾지 않는 게임은 e스포츠가 될 수 없습니다. 게임 개발자가 아무리 우수한 게임을 만들었다고 호소해도 유저들이 플레이하지 않는다면 그 게임은 흥행할 수 없습니다. B양이 아무리 100만 원짜리 가치가 있는 옷이라고 주장해도 팔리지 않았던 것과 같습니다.

우리나라에서 스타크래프트와 리그 오브 레전드가 e스포츠를 대표하는 국민 게임이 될 수 있었던 이유는 많은 사람들이 즐기기 때문입니다. 텔레비전으로 경기를 시청하고 경기장에 찾아가서 응원도 하면서 선수들의 플레이 하나하나에 열광하기 때문입니다. e스포츠로서 성공하기 위해서는 많은 사람들이 즐길 수 있는 게임이어야 하는 게 필수 조건입니다. 게임 회사에서 의도하든 의도하지 않았든 대중성은 e스포츠로 발돋움하는 데 무엇보다 중요한 요소입니다.

승패를 가릴 수 있을 것

둘째, 승패를 가릴 수 있는 게임이어야 합니다. 스타크래프트, 리그 오브 레전드 이외에도 수많은 게임은 저마다의 특색으로 인기를 끌었습니다. 리니지, 월드 오브 워크래프트, 메이플스토리, 디아블로와 같은 게임은 e스포츠 종목 못지않게 많은 사람들이 즐기고 있는 게임입니다. 월드 오브 워크래프트는 한번 게임을 시작하면 자리를 비울 수가 없어서 게임을 하면서 식사를 해야 하고 볼일도 컴퓨터 앞에서 볼 수밖에 없다는 우스갯소리가 있을 정도로 오랫동안 유저들의 몰입을 유도합니다. 이런 게임들은 대부분 유저가 캐릭터를 만들고 캐릭터를 키우는 게임입니다. 게임 장르로 분류하면

MMORPG(Massive Multiplayer Online Role Playing Game)로 볼 수 있습니다. MMORPG는 끝이라는 개념이 모호한 게임 장르입니다. 유저의 시간 투자에 따라서 끊임없이 캐릭터를 성장시킬 수 있고 아이템을 구하거나 업그레이드할 수 있습니다.

많은 유저들이 MMORPG를 즐기고 있지만 이를 e스포츠라고 부르지는 않습니다. 승패를 가리기가 어렵기 때문입니다. 우리가 흔히 생각하는 스포츠들은 승패가 명확합니다. 야구, 축구, 농구, 배구, 하키 등을 생각해보면 이해하기가 쉽습니다. 경기가 끝나면 항상 승자와 패자가 나누어집니다. 간혹 무승부 경기도 있지만 일반적으로 승패가 구분됩니다.

자신이 좋아하는 팀이 이기기를 바라는 마음은 경기에 몰입하고 집중하게 만듭니다. 그러나 MMORPG에서 승패를 가리기는 쉽지 않습니다. 시간을 정해놓고 누가 더 몬스터를 많이 잡는지, 캐릭터끼리 결투를 벌여서 누가 이기는지 등 완전히 승패를 가릴 방법이 없다고 할 수는 없지만, 이는 기본적인 MMORPG의 속성과 동떨어지기에 인기를 끌 확률은 희박합니다. 관중들은 경기를 보다 지쳐서 자리를 떠나고 말 것입니다. 대중적인 게임이면서 동시에 박진감 넘치는 승부를 볼 수 있는 게임이어야 e스포츠가 될 수 있습니다.

　게임 개발자가 자기 게임을 반드시 e스포츠 종목으로 만들고, 전 세계인의 사랑을 받게 하려면 어떻게 해야 할까요? 먼저 누구나 게임을 쉽게 접할 수 있도록 간단하고 재미있는 게임을 만들어야 합니다. 그리고 게임을 통해 승부의 긴장감과 희열을 느낄 수 있게 만들면 됩니다. 말은 쉽지만 실제로 이런 게임을 만들기는 아주 어렵습니다. 시대에 따라서 재미의 기준이 변하고 유저들의 생각도 변하기 때문입니다. 스타크래프트, 리그 오브 레전드, 오버워치를 넘어 다음에는 어떤 게임이 e스포츠를 들썩이게 만들지 기대됩니다.

리그 오브 레전드,
스타크래프트의 바통을 넘겨받다

e스포츠 종사자에게는 큰 걱정거리
가 하나 있었습니다. 프로게이머, 캐
스터, 해설자 등 직접적으로 e스포츠
에 종사하는 사람들은 물론이고, 텔
레비전 채널을 돌려가며 틈틈이 e스
포츠 경기를 지켜보는 팬들도 비슷한
고민을 했습니다. 그것은 e스포츠 = 스

리그 오브 레전드 티모

타크래프트 리그라는 공식이 오랫동안 깨지지 않는 점이었
습니다. 1998년 스타크래프트 대회가 처음 개최되고, e스포
츠라는 용어로 리그가 성장하기 시작했을 때부터 2000년대
후반까지 10년 이상 e스포츠와 스타크래프트 리그는 동의어

였습니다.

그 사이에 다른 게임들이 e스포츠화되지 않았던 것은 아닙니다. 카트라이더, 스페셜포스, 임진록, 워크래프트3 등 많은 게임 대회들이 개최되고 일반 시청자의 눈을 즐겁게 만들어 주었습니다. 그러나 스타크래프트 리그처럼 대중적인 관심은 받지 못했습니다. 소리 소문 없이 리그가 종료되고 더 이상 개최되지 않는 경우가 많았습니다.

스타크래프트 일변도가 나쁘다는 이야기는 아닙니다. 스타크래프트는 훌륭한 게임입니다. 게임이 출시된 지 20여 년이 지난 지금까지도 각종 온·오프라인 대회가 개최되고 있고, 많은 사람들이 즐기고 있는 게임입니다. 스타크래프트가 계속해서 높은 인기를 구가하며 많은 이들이 즐길 수 있다면 그것만큼 좋은 일은 없습니다. 선수들은 오랫동안 프로게이머로 활약할 수 있을 것입니다. 하지만 기대와 다르게 스타크래프트의 인기는 서서히 잦아들었습니다. 팬들은 스타크래프트를 대체할 수 있는 새로운 게임이 나타나기를 바라고 있었는지도 모르겠습니다.

스타크래프트의 인기는 왜 떨어졌을까?

스타크래프트의 인기는 왜 떨어질 수밖에 없었던 것일까요?

이 부분에서 e스포츠의 약점이 드러납니다. e스포츠는 야구, 축구, 농구와 다른 점이 있습니다. 바로 게임 자체의 수명입니다. 게임에 무슨 수명이 있느냐고 의문을 가지는 분들도 있을 겁니다. 게임 CD에 녹이 스는 것도 아닐뿐더러 10년 전, 아니 30년 전에 나온 게임도 마음만 먹으면 언제든지 실행할 수 있는데 말입니다.

게임은 지속적으로 발전합니다. 어제 출시된 게임과 내일 출시되는 게임은 다릅니다. 게임 회사는 이전에 출시된 게임들의 장점은 받아들이고 단점은 최대한 지양하려고 합니다. 비슷한 게임을 출시하는 회사들과 경쟁을 하면서 시장에서 살아남기 위해 피나는 노력을 경주합니다.

자연스럽게 시간이 지날수록 더 완성도가 높은 게임이 출시됩니다. 더 좋은 그래픽과 알기 쉬운 인터페이스, 유저들의 의견을 적극 반영하는 시스템이 구비됩니다. 반면 축구는 시간이 지나도 축구입니다. 경기 규칙은 거의 변하지 않습니다. 10년 전 축구와 현재 축구의 차이점은 경기에 참여하는 선수들뿐입니다. 사람만 바뀔 뿐 축구공은 여전히 그라운드 위에 있습니다. 야구나 농구도 마찬가지입니다.

10년 전에 출시된 게임에 추억과 애정을 가지고 있는 사람이 아니라면, 오늘 출시된 게임이 10년 전에 출시된 게임보다 재미있을 수밖에 없습니다. 어릴 때부터 스타크래프트를 했던 사람들은 계속해서 스타크래프트를 재미있게 즐길 수 있습니다. 하지만 처음 게임을 접하기 시작한 유저들은 스타크래프트보다 재미있는 게임이 넘쳐나는데 스타크래프트를 할 이유가 없습니다.

오랜 시간 e스포츠의 기반을 다지고, 많은 팬들을 보유하고 있는 스타크래프트의 대중성을 뛰어넘는 게임은 쉽게 출시되지 않았습니다. 이런 상황에서 어느 순간 스타크래프트의 자리를 대체할 게임이 출시되었습니다. 현재 우리나라에서 가장 인기가 많은 리그 오브 레전드입니다.

리그 오브 레전드의 시작은?

리그 오브 레전드의 시작은 다른 게임과 큰 차이가 없었습니다. 게임사의 후원으로 대회가 개최되었지만 e스포츠로서 성공할 수 있을지 없을지는 아무도 알 수 없었습니다. 저런 게임이 얼마나 인기를 끌겠느냐고 생각한 사람도 있었습니다. 하지만 리그 오브 레전드는 스타크래프트의 빛에 가려진 다른 게임들과는 달랐습니다. 게임을 즐기는 유저들의 수가 입소문을 타고 기하급수적으로 증가했습니다. 출시 초기에는 게임을 즐기기 위해 북미 서버에 접속하는 수고를 해야 했지만 유저들은 개의치 않고 PC방으로 모여들어 리그 오브 레전드를 즐겼습니다. 이런 분위기는 자연스럽게 리그 오브 레전드의 대중화로 이어졌습니다. 조금씩 인기를 얻기 시작한 리그 오브 레전드는 어느덧 전 세계에서 가장 사랑받는 게임이 되었습니다.

e스포츠 팬들은 기쁨과 동시에 아쉬움을 느꼈습니다. 스타크래프트를 대체할 수 있는 게임이 출시되었다는 것은 e스포츠의 장기적 성장을 기대하게 했습니다. 언젠가 또 다른 게임이 리그 오브 레전드의 자리를 대신하겠지만 e스포츠라는 큰 틀은 오랫동안 지속될 거라는 전망이었습니다. 하지단 e스포츠 그 자체였던 스타크래프트의 쇠락은 스타크래프트를 보며 자라왔던 이들의 마음을 안타깝게 했습니다.

어느덧 리그 오브 레전드는 스타크래프트의 바통을 넘겨받고 질주하고 있습니다. 스타크래프트 프로 게임단을 운영했던 기업들이 그대로 리그 오브 레전드 프로 게임단을 운영하고, 캐스터와 해설자는 스타크래프트에 나오는 유닛을 외치는 대신 리그 오브 레전드에 나오는 챔피언을 외치게 되었습니다. 경기마다 경기장은 팬들로 가득합니다. 선수들의 일거수일투족은 온라인을 통해 전파되고 여러 이야기들이 파생됩니다. 리그 오브 레전드에서 사용되는 용어들은 다른 스포츠를 포함해 사회 전반에 영향을 미치고 있습니다.

리그 오브 레전드가 오랜 시간 동안 e스포츠로서 팬들의 사랑을 받기를 바랍니다. 스타크래프트의 흥망성쇠를 반면교사로 삼아 오랫동안 지속되는 게임으로 만들 방법을 고심하면 좋겠습니다. 이러한 고민을 통해 e스포츠는 더욱 성장하고, 저변도 넓어질 것입니다. 프로게이머들에 대한 대우는 점점 나아지고 환경도 점점 좋아질 것입니다. 리그 오브 레전드가 또 다른 새로운 게임에 바통을 넘겨줄 때까지 e스포츠 성장에 밑거름이 되면 좋겠습니다.

니다. 유저는 유즈맵을 통해 원하는 상황을 설정할 수 있습니다. 이를테면 하나의 유닛만 생성되게 만든다든지, 유닛의 업그레이드를 무한대로 할 수 있게 하든지, 새로운 스토리를 구성해 전혀 다른 형식의 게임을 만들 수도 있습니다. 아이돌을 좋아하는 팬이 아이돌 멤버를 주인공으로 해서 '괜픽'을 쓰는 것과 유사합니다. 자기가 원하는 대로 상상의 나래를 펼쳐서 새로운 창작물을 만들어내는 것입니다.

라이엇 게임즈는 카오스를 기반으로 리그 오브 레전드라는 새로운 게임을 만들었습니다. 출시 직후부터 전 세계 카오스를 좋아하는 사람들은 물론이고, 많은 유저들이 리그 오브 레전드에 빠져들었습니다. 얼핏 보면 단순한 게임이지만 그 속에 숨어 있는 다양한 매력은 유저들이 마우스를 놓지 못하도록 만들었습니다. 어떤 특징들이 있기에 그토록 많은 이들이 리그 오브 레전드에서 헤어나지 못했을까요?

팀 게임

첫째, 리그 오브 레전드의 기본적인 특징이자 가장 중요한 요소는 팀 게임을 기반으로 한다는 점입니다. 리그 오브 레전드는 5대5로 게임을 펼치는 게 기본입니다. 게임을 제대로 즐기기 위해서는 좋은 싫든 팀을 꾸려야 합니다. 반대로 스타크래프트는 1대1 대전이 기본이 되는 게임입니다. 1대1 게임의 장점은 본인이 원하는 시간에 원하는 방법으로 게임을 진행할 수 있다는 점입니다. 하지만 혼자서 게임을 하다 보면 금방 지루해지는 단점이 있습니다. 5대5 게임인 리그 오브 레전드는 게임을 하기 위해서는 동료를 찾아야 하고, 다른 사람들과 함께 게임을 하는 즐거움을 느낄 수 있습니다.

게임은 혼자 하는 것보다 다른 이들과 같이하는 게 더 재미있습니다. 아무리 재미있는 게임이라도 함께하는 사람이 없으면 금방 싫증이 납니다. 여러 사람들과 함께하는 게임 속에서 시너지 효과가 발생하고, 이는 유저를 게임 속에 빠져들게 만듭니다. 그렇기에 게임 회사는 게임 속에서 여러 경로를 통해 유저들끼리 힘을 모으고 소통할 수 있도록 만듭니다. 리그 오브 레전드는 시작부터 다른 사람과 함께할 수밖에 없도록 만든 게임입니다.

쉬운 플레이

둘째, 리그 오브 레전드는 누구나 쉽게 플레이를 할 수 있습니다. 게임의 난이도와 진입 장벽이 낮습니다. 자세하게 파고 들어가면 외워야 할 것도 많고 익혀야 할 스킬도 많지만 아무 생각 없이 즐기려고 하면 이보다 쉬운 게임이 없습니다. 게임의 흐름은 단순합니다. 자기가 좋아하는 챔피언을 선택하고 상대 챔피언이나 중립 몬스터를 무찌르면 돈을 벌 수 있습니다. 그 돈으로 아이템을 구매하고 자신의 챔피언을 좀 더 강하게 만듭니다. 우리 팀의 본진이나 상대 팀의 본진이 파괴되기 전까지 이러한 과정의 연속입니다.

프로게이머의 경기에서는 수많은 전략과 전술이 사용되고, 일반인은 알 수 없는 심리전이 오고 가지만 그건 그들의 세상일 뿐입니다. 일반 유저들은 그저 재미있게 게임을 할 수 있으면 그만입니다. 이러한 맥락에서 보면 리그 오브 레전드만큼 쉽고 단순한 게임이 없습니다.

동변상련 게임?

셋째, 자신과 비슷한 실력을 가진 사람들과 게임을 즐길 수 있도록 시스템이 구성되어 있습니다. 괴물 같은 실력을 가진 프로게이머와 이제 막 처음 시작한 유저와의 실력 차이는 하늘과 땅만큼 벌어져 있을 겁니다. 처음 시작한 유저가 계속해서 자기보다 월등한 기량을 보유한 유저들과 대전하다 보면 흥미가 떨어지기 마련입니다. 이를 방지하기 위해 리그 오브 레전드는 5대5 팀을 구성할 때 밸런스를 고려해 팀원을 정해줍니다. 잘하는 사람은 잘하는 사람과 게임을 할 수 있고 못하는 사람은 못하는 사람과 게임을 할 수 있습니다.

이는 패배에 대한 스트레스를 덜게 해줍니다. 게임에서 지는 것을 좋아하는 사램은 없습니다. 이길 때도 있고 질 때도 있는 게 자연스럽습니다. 스타크래프트에서는 잘하는 사람이 못하는 사람을 농락하는 경우가 종종 발생했습니다. 프로게이머가 손을 풀기 위해 일반인을 상대로 경기를 벌일 수도 있습니다. 프로게이머와 경기를 해서 기뻐할 유저가 있을지도 모르겠지만 프로게이머는 본인이 프로게이머라고 밝히지 않습니다. 일반 유저 입장에서는 즐겁게 게임을 하고 싶은 마음이었는데, 프로게이머의 워밍업 상대가 된 것입니다. 허무한 패배가 반복되다 보면 게임을 실행하고 싶지 않게 됩니다. 리그 오브 레전드는 이런 상황을 원천적으로 봉쇄했습니다.

'내로남불'

넷째, 리그 오브 레전드에서는 '내로남불'이 가능합니다. 내로남불은 '내가 하면 로맨스, 남이 하면 불륜'이라는 의미의 신조어입니다. 같은 행동을 해도 내가 하면 관대한 시선으로 보고 남이 하면 엄격한 기준으로 보는 것입니다. 게임상에서 같은 실수를 해도 내가 실수를 했을 때는 그럴만한 이유가 있고 변명거리가 있습니다. 하지만 남이 실수를 했을 때는 거침없이 비난하게 됩니다. 자연스럽게 나의 실력이 팀원의 실력보다 뛰어나다는 생각을 하게 됩니다. 이겼을 때는 내가 잘해서 이긴 것이고, 졌을 때는 팀원이 못해서 진 것이라는 생각이 들 때가 많습니다. 이런 생각이 굳어지면 게임을 하는 내내 남 탓을 하게 됩니다. 자신의 부족함을 인정하면 자존심에 금이 가기 때문입니다.

아이러니하게도 이러한 부분이 유저에게 게임을 계속하게 만드는 동인이 됩니다. '우리 편이 각각 제 몫만 해줘도 이길 수 있었을 텐데', '나는 항상 이상한 팀원이랑 같은 편이 돼'라는 생각을 가지고 계속 게임을 하게 되는 것입니다.

개성 넘치는 130개 이상의 챔피언, 아기자기한 그래픽과 화려한 중립 몬스터, 아름다운 화면 구성도 리그 오브 레전드의 게임 완성도를 높이는 요소들입니다. 지속적으로 업데이트되는 게임 화면과 밸런스 패치와 같은 시도들은 리그 오브 레전드를 자가 발전시킵니다. 활활 타오르고 있는 불에 마른 장작을 계속해서 공급하는 것과 같습니다. 이는 라이엇 게임즈에서 좀 더 나은 게임을 만들기 위해 지속적으로 노력하고 있다는 것을 보여줍니다.

리그 오브 레전드의 단점은?

리그 오브 레전드가 불세출의 게임이라고 해서 장점만 있는 것은 아닙니다. 팀 게임이다 보니 상대방을 대놓고 비난하거나 욕설을 퍼붓는 등 서로를 자극하게 만드는 요소가 있습니다. 유저의 실력에 따라 등급이 나눠지다 보니 자신보다 등급이 낮은 상대를 조롱하거나 업신여기는 문화도 있습니다. 이는 개선되어야 합니다. '헬퍼'라는 프로그램을 통해 자신의 실력을 과대 포장하는 사람도 있습니다. 이러한 유저들은 게임을 할 수 없도록 제재가 가해지기도 하지만, 게임을 하는 유저들이 이런 행동을 하지 않는 성숙한 의식이 필요합니다. 게임사에서는 좀 더 강한 규제와 감시를 통해 유저들이 정정당당하게 게임을 즐길 수 있는 환경을 조성해주어야 합니다.

마치 만화의 주인공처럼 스스로 발전에 발전을 거듭하고 있는 리그 오브 레전드는 오랜 기간 e스포츠의 왕좌를 굳건히 지킬 것이라 예상합니다. 리그 오브 레전드가 스타크래프트의 자리를 대신했듯이 언젠가 리그 오브 레전드를 뛰어넘는 게임이 나올지도 모릅니다. 그 게임은 우리가 일반적으로 알고 있는 게임의 영역을 뛰어넘는 게임일 가능성이 높습니다. 유저에게 신선한 자극을 주고 게임을 하지 않고는 버틸 수 없게 만드는 게임, 과연 어떤 게임이 될지 궁금합니다.

열 손가락 깨물어 안 아픈 손가락 없다 : e스포츠 종목

앞에서 수많은 게임 중에 e스포츠 종목이 될 수 있는 게임은 많지 않다고 했습니다. 사람들에게 사랑을 받고, 승부를 가릴 수 있으며, 재미있는 게임에게는 e스포츠 종목이라는 명예로운 지위가 붙게 됩니다. 그렇다면 e스포츠 종목에는 어떤 게임이 있을까요? 아마 대부분은 스타크래프트, 리그 오브 레전드와 같은 널리 알려진 게임만 알고 있을 것입니다.

우리나라 e스포츠 종목은 한국e스포츠협회어서 선정합니다. 협회에서는 특정한 기준을 가지고 어떤 게임이 e스포츠로 적합한지 아닌지를 결정합니다. e스포츠 종목은 정식 종목과 시범 종목으로 나뉘며, 정식 종목은 또다시 전문 종목과 일반 종목으로 나누어집니다. 게임사의 투자 계획과 리그를

FIFA 온라인 3 ⓒ 넥슨

개최할 수 있는 저변 환경의 구축 가능 유무에 따라 전문 종목과 일반 종목을 구분합니다. 협회에서는 심사, 평가, 심의를 통해서 e스포츠 종목을 채택하며 좀 더 체계적인 시스템을 구축하기 위해 관련 법률이 마련되기도 했습니다. 이제 e스포츠 종목에 대해 좀 더 자세히 살펴보겠습니다.

전문 종목은 정식 종목 중에서 지속적인 투자를 통해 직업 선수가 활동할 수 있는 대회가 있거나, 리그 구조를 구축할 수 있는 저변이 충분하다고 인정받은 종목을 일컫습니다. 쉽게 말해서 많은 프로게이머가 활동하며 리그가 계속해서 개최되는 종목이라고 볼 수 있습니다. 전문 종목에는 리그 오브 레전드, FIFA 온라인 3, 스타크래프트2 총 세 종목이 있습니다. 게임 방송을 시청할 때 가장 많이 나오는 게임들입니다. 동시에 PC방에 가면 대다수의 유저들이 즐기고 있는 게임이기도 합니다. 최근에는 1인칭 슈팅 게임(FPS, First-Person Shooter)인 오버워치가 세간의 관심을 받고 있습니다. 제작사인 블리자드는 큰 상금을 걸고 의욕적으로 리그를 개최하고 있으며 선수들도 활발하게 활동하고 있는 만큼 조만간 전문 종목으로 자리 잡을 것이라 예상됩니다.

일반 종목은 정식 종목 중에서 직업 선수의 활동 저변은 부족하지만, 종목사의 투자 계획이 명확하고 지속적인 육성을 통해 발전 가능성이 있다고 인정받은 종목입니다. 일반 종목에는 하스스톤, 스타크래프트, 히어로즈 오브 더 스톰, 카트라이더 총 4개 종목이 있습니다. 네 가지 게임 모두 많은 유저들의 사랑을 받은 게임이며 정기적이진 않지만 꾸준히 리그가 개최되고 있습니다. 최근에는 아프리카TV에서 개최한 스타크래프트 리그가 큰 사랑을 받았고, 리스마스터 출시에 힘입어 다시 한 번 스타크래프트 종목이 큰 관심을 받고 있습니다.

시범 종목은 종목 선정 심의를 통해 e스포츠의 적격성은 인정받았으나 현재 저변 및 환경이 미비해 향후 정식 종목으로 선정되기 위해서는 일정 기간의 평가 후 재심의를 받아야 하는 종목입니다. 시범 종목에는 1인칭 슈팅 게임인 스페셜포스가 있습니다만 2012년 프로 리그를 마지막으로 스페셜포스 리그는 개최되고 있지 않습니다.

정식 종목과 시범 종목을 포함해 e스포츠 종목은 총 8개입니다. 해외 게임이 6개, 국내 게임은 2개로 e스포츠 종목에는 해외 게임이 대다수라는 사실을 알 수 있습니다. 특히 스타크래프트의 제작사 블리자드의 게임이 전체 종목의 50%를 차지하며, 블리자드의 최신 1인칭 슈팅 게임인 오버워치가 e스포츠 종목으로 확정된다면 과반수의 e스포츠 종목이 블리자드사의 게임이 됩니다. 게임에는 국경이 없고, 컴퓨터만 있으면 전 세계 어느 나라 게임이라도 마음껏 즐길 수 있지만 e스포츠에서 국내 게임의 열세는 아쉬운 부분입니다. 미래 게임 산업의 육성을 대비하는 차원에서 정부와 협회어서 극내 게임사의 e스포츠 종목 투자를 권장하고 지원하면 좋겠습니다.

대한민국을 e스포츠 강국이라고 합니다. 우리나라 유저들이 손을 대는 게임은 대부분 우리나라 선수들이 우승컵을 거머쥡니다. 스타크래프트, 워크래프트3, 리그 오브 레전드, 오버워치까지 우리나라 선수들은 모든 게임에서 상위권에 랭크됩니다. 다른 나라 게임단들이 우리나라 프로게임단의 훈련 방식과 시스템을 배우기 위해 전지훈련을 올 정도입니다.

아쉬운 점도 있습니다. 게임을 플레이하는 것은 세계 최고이지만 게임을 만드는 것은 아직 세계 최고라고 볼 수 없습니다. 다른 회사에서 만든 게임을 똑같이 복제하거나 유료 결제를 할 수밖에 없게 만드는 게임 시스템은 멀리 보지 못하는 근시안적인 방법입니다. 게임을 하는 것뿐만 아니라 만드는 것까지 세계 최고가 될 수 있다면 게임 산업과 e스포츠 발전에 큰 밑거름이 될 것이라 생각합니다.

당신이 좋아하는 게임은? :
PC방 인기 게임 순위

e스포츠와 PC방은 서로 상호 작용을 하면서 성장했습니다. 스타크래프트의 인기와 더불어 PC방이라는 새로운 산업과 문화 공간도 생겨났습니다. "스타크래프트가 망하면 PC방도 망할 것"이라는 말이 무색할 정도로 지금도 많은 사람들은 친구들과 우정을 다지기 위해, 무료한 시간을 보내기 위해 PC방을 찾습니다. e스포츠와 PC방은 떼려야 뗄 수 없는 관계입니다. e스포츠의 성장은 PC방을 북적이게 하고 이는 또다시 e스포츠의 발전을 불러일으킵니다. 마치 악어와 악어새가 서로 공생하며 영향을 주고받는 것과 흡사합니다.

당신은 어떻습니까? PC방에 가보았나요? PC방에 가보았다면 어떤 게임을 주로 했고, 그 이유는 무엇인가요?

　　PC방 인기 게임을 살펴
보면 우리나라 e스포츠
가 어떻게 발전하고 변화
되고 있는지 가늠해볼 수
있습니다. PC방은 스타크
래프트의 인기와 더불어
폭발적인 성장을 해왔습
니다. 스타크래프트는 리
그 오브 레전드에게 왕좌
를 넘겨주기 전까지 PC방

카트라이더 ⓒ 넥슨

에서 가장 많은 사람들이 즐기는 게임이었습니다. 1990년대
말 PC방이 처음 생겨나기 시작했을 때는 PC방에 가면 모든 사
람들이 스타크래프트를 하는 모습을 왕왕 볼 수 있었습니다.
2000년대 초중반이 되면서 스타크래프트와 함께 월드 오브
워크래프트, 디아블로2, 스페셜포스, 카트라이더 등 다양한
게임이 유저들의 마음을 사로잡았습니다. 여러 장르의 게임
들이 인기를 얻은 PC방 춘추전국시대라고 볼 수 있습니다.
　　2010년도에 들어서면서부터는 리그 오브 레전드가 가장
인기 있는 게임이 되었습니다. 1990년대 말 스타크래프트 일
색이었던 PC방이 리그 오브 레전드 일색으로 바뀌어버렸습

니다. 당시 한 PC방을 찾았던 필자는, PC방 중앙에 한 줄로 쭉 앉아 있는 초등학생들이 리그 오브 레전드를 하며 낄낄거리는 모습에 적지 않게 놀랐습니다. 세대를 뛰어넘어 리그 오브 레전드를 즐기는 모습이 인상적이었습니다. 리그 오브 레전드는 지금까지도 가장 많은 사랑을 받고 있는 PC방 점유율 부동의 1위 게임입니다.

최근에는 오버워치가 출시되면서 양상이 조금 바뀌었습니다. PC방 게임 통계 서비스를 제공하는 게임트릭스에 따르면 현재 PC방에서 가장 있기 있는 게임은 리그 오브 레전드와 오버워치입니다. 두 게임 모두 30%에 육박하는 점유율을 기록하고 있습니다. 한 PC방에 컴퓨터가 100대 있다고 가정하면, 그중 60대는 리그 오브 레전드, 아니면 오버워치가 실행되고 있는 셈입니다. 두 게임의 전망도 밝습니다. 리그 오브 레전드와 오버워치 둘 다 리그가 성황리에 개최되고 있고, PC방에서 두 게임이 차지하는 점유율 역시 점점 높아지고 있습니다. 향후 두 게임의 점유율은 엎치락뒤치락하며 PC방을 환히 밝혀줄 것입니다.

스타크래프트와 리그 오브 레전드를 거쳐서 오버워치까지, e스포츠의 큰 흐름을 관통하는 게임들은 PC방에서도 큰 인기를 얻었습니다. 출시된 지 20년이 다 된 스타크래프트는 지

오버워치

금도 많은 유저들이 즐기고 있는 게임입니다. e스포츠의 열기는 PC방의 인기 게임으로 이어지고, PC방에서 사랑을 받는 게임은 e스포츠에서도 성공합니다. 게임 제작사는 PC방을 찾는 유저에게 경험치를 더 받을 수 있는 혜택을 주거나 집에서는 즐길 수 없는 콘텐츠를 제공하기도 합니다. 각종 게임 대회도 PC방을 통해 진행되는 것과 같이 e스포츠와 PC방과의 관계도 더욱 가까워지고 있습니다. 앞으로도 e스포츠와 PC방이 상호 긴밀한 연계를 통해 양쪽 모두 발전하리라 기대합니다.

e스포츠가 낳은 e스타는 누구일까

e스포츠가 태동하고 지금까지 많은 프로게이머들이 데뷔와 은퇴를 했습니다. 선수들의 멋진 플레이에 팬들은 열광했고, 팬들의 함성만큼 e스포츠는 성장했습니다. e스포츠라는 커다란 배 위에 올라타고 내린 수많은 선수들 중에서도 시대를 대표한 선수들이 있습니다. 팬들의 이목은 이들에게 쏠렸고, 이들은 기꺼이 배의 선장이 되어 키를 잡고 e스포츠를 알리는 데 공헌했습니다. 대표적인 선수들의 발자취를 살펴보면 e스포츠의 발전과 흐름을 짚어보는 데 많은 도움이 됩니다.

쌈장 이기석 : 프로게이머가 광고에 출연하다

이기석 선수는 e스포츠가 본격적으로 태동하기 이전부터

활약한 스타크래프트 1세대 프로게이머입니다. 테란 중심의 랜덤 유저로 많은 대회에 참여해 좋은 성적을 거두었습니다. 1999년 래더 토너먼트 우승, 게임큐 스타리그 올스타전 준우승 등 굵직한 대회에서 좋은 성적을 거두었습니다. 쌈장(SSAMZANG)은 그의 배틀넷 아이디입니다. 이를 흉내 내기 위해 한때 배틀넷에는 쌈장을 패러디한 아이디가 많았습니다. 춘장, 고추장, 막장 등 쌈장을 패러디한 아이디들은 그의 인기를 증명했습니다.

이기석 선수가 유명세를 탄 이유는 프로게이머 최초로 광고에 출연한 덕분입니다. '코넷'이라는 한 인터넷 기업의 광고 모델에 출연했는데, 광고 속에서는 스타크래프트 유닛과 함께 그의 모습이 나타났습니다. 말끔한 외모에 검정석 안경을 쓴 그의 모습에는 프로게이머의 이미지가 잘 담겨 있었습니다. 그는 광고 출연으로 프로게이머의 상징과 같은 존재가 되었습니다. e스포츠를 전혀 모르는 사람들이 프로게이머라는 직업에 대해 관심을 가지기 시작했고, 이는 e스포츠의 대중화에 큰 도움이 되었습니다.

테란의 황제 임요환 : 영원한 e스포츠의 아이콘

임요환 선수는 e스포츠라고 하면 곧바로 떠오르는 선수 중

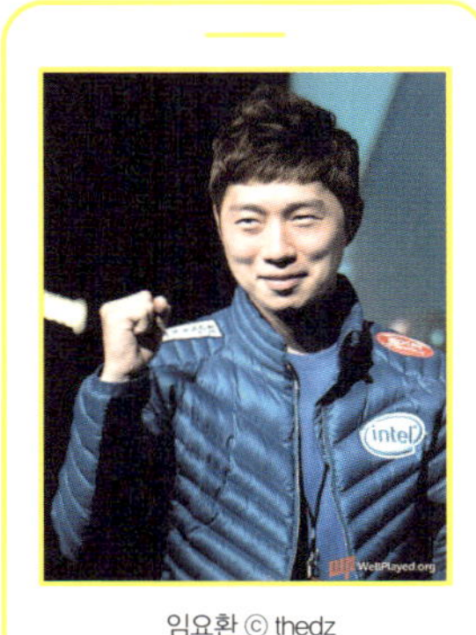

임요환 ⓒ thedz

한 명입니다. "e스포츠는 몰라도 임요환은 안다"라는 이야기가 있을 정도로 임요환 선수는 대중에게 가장 널리 알려진 프로게이머입니다. 그는 데뷔와 동시에 각종 대회를 모조리 휩쓸었습니다. 온게임넷 스타리그 2회 연속 우승, 월드사이버게임즈 스타크래프트 개인전 우승, KPGA 투어 우승 등 일일이 다 열거하기 어려울 정도로 많은 대회에서 뛰어난 활약을 선보였습니다.

임요환 선수는 테란의 황제라는 별명을 가지고 있습니다. 모든 스포츠에서 황제는 최고의 선수에게만 수여되는 영광스러운 호칭입니다. 축구 황제 펠레, 농구 황제 마이클 조던, 골프 황제 타이거 우즈 등 오랜 시간 정상의 자리를 놓치지 않은 선수들에게 전문가와 팬들은 황제라는 칭호를 수여했습니다. 임요환 선수는 황제라는 별명이 아깝지 않을 정도로 오랜 시간 동안 정상의 자리에 군림했습니다.

임요환 선수는 잘생긴 외모, 뛰어난 실력, 기발한 전략, 강한 승부욕을 겸비한 최고의 선수였습니다. 팬들은 그의 플레이를 지켜보기 위해 경기장을 찾았으며 그의 경기가 끝나면 대다수의 관중이 썰물처럼 경기장을 빠져나가는 진풍경이 벌어지기도 했습니다. 임요환 선수는 e스포츠가 지금과 같은 모습으로 발전하는 데 크게 공헌했으며 게임 외적으로도 다양한 경로를 통해 e스포츠를 대중에게 알리기 우해 노력했습니다. 현역에서 은퇴한 지 한참이 지난 지금까지도 팬들의 입에 오르내리는 몇 안 되는 선수이며, 영원한 e스포츠의 아이콘으로 남아 있습니다.

안드로장 장재호 : 프로게이머를 압살하는 프로게이머

장재호 선수는 워크래프트3 출신 프로게이머로, 워크래프트3의 임요환이라는 찬사를 받은 선수입니다. 워크래프트3는 스타크래프트를 제작한 블리자드에서 2002년 출시한 전략 시뮬레이션 게임입니다. 워크래프트3는 출시하기 전부터 스타크래프트를 잇는 대작으로 큰 기대를 받았습니다. 워크래프트3가 출시된 시기에는 스타크래프트 리그가 자리를 잡은 상태였기 때문에 선수들은 스타크래프트와 워크래프트3를 병행해 연습했습니다. 워크래프트3가 스타크래프트를 뛰어넘는 대작이 될 것이라는 기대가 컸기 때문입니다. 하지만 모두의 예상을 뒤엎고 스타크래프트 리그는 인기가 식지 않고

장재호 © thedz.acrofan.com

오히려 더 발전했습니다. 스타크래프트에서 자리를 잡은 선수들은 스타크래프트에 전념했고, 스타크래프트 리그와 워크래프트3 리그가 양립하게 되었습니다.

워크래프트3는 우리나라보다 해외에서 더 큰 인기를 끌었습니다. 유럽과 중국에서는 스타크래프트보다 워크래프트3에서 더 많은 대회가 개최되었으며, 장재호 선수는 이러한 상황에서 워크래프트3의 최강자로 군림했습니다. 뛰어난 컨트롤, 치밀한 계산, 상대를 압살하는 경기력으로 많은 팬들의 사랑을 받았습니다. 상대를 완벽하게 제압하고 정신 상태를 저 멀리 안드로메다로 보내버린다는 의미에서 '안드로장'이라는 별명을 얻기도 했습니다. 프로게이머를 아마추어처럼 만들어버리는 그의 플레이에 많은 이들은 혀를 내둘렀습니다. 장재호 선수는 2008년 베이징올림픽 성화 봉송에 초대될 만큼 중국에서 높은 인기를 구가했으며 오랜 시간 동안 최고의 기량을 뽐내고 있습니다. 지금까지도 정상의 자리를 놓치지 않고 있다는 점에서 진정한 워크래프트3의 화신이 아닌가 하는 생각이 들 정도입니다.

페이커 이상혁 : 세계 최고의 미드 플레이어

이상혁 선수는 리그 오브 레전드 미드 라인 플레이어로 지금의 e스포츠를 대표하는 선수입니다. 2013년에 데뷔하고 얼마 지나지 않아 e스포츠에서 가장 유명한 선수가 되었습니다. 이제 "e스포츠는 몰라도 페이커 이상혁은 안다"는 말이 나옵니다. 이상혁 선수는 임요환 선수의 바통을 넘겨받아 e스포츠의 새로운 아이콘이 되었습니다. 두 선수 모두 SK텔레콤 소속으로 활약한 것도 재미있는 부분입니다.

5대5 팀 게임인 리그 오브 레전드 특성상 개인기 돋보이기는 쉽지 않습니다. 하지만 이상혁 선수는 본인의 기량을 내세워 다른 선수들을 모조리 격파했습니다. 폭넓은 챔피언 활용, 새로운 전술, 공격적인 플레이는 우리나라뿐 아니라 전 세계 팬을 열광시켰습니다.

이상혁 선수는 경기마다 꾸준하게 좋은 기량을 보여주고 있으며 소속 팀 SK텔레콤은 출전하는 대회마다 좋은 성적을 거둡니다. 2016년에는 리그 오브 레전드 세계 대회인 롤드컵에서 최초로 3회 우승의 위업을 세워 다시 한 번 최고의 선수라는 것을 증명했습니다. 이상혁 선수의 일거수일투족은 e스포츠를 들썩이게 합니다. 인터뷰 한마디, 행동 하나에 많은 팬들은 관심을 가지고 지켜봅니다. 십만 명 이상의 팬들이 그의

이상혁 ⓒ acrofan.com

개인 화면을 보기 위해 개인 방송을 찾습니다. 'e스포츠의 메시'라는 말은 그의 가치를 잘 나타냅니다. 이상혁 선수는 현재 진행형이라는 점에서 앞날을 더 기대하게 만듭니다. 그의 전성기가 언제까지 이어질지 지켜보는 것도 흥미로운 관전 포인트입니다.

지금까지 거론한 선수들 이외에도 여러 선수들이 e스포츠의 전설로 남을 만큼 멋진 모습을 보여주었습니다. 천재테란 이윤열, 괴물테란 최연성, 낭만오크 이중헌, 카트라이더의 황제 문호준 등 많은 선수들은 e스포츠를 반짝반짝 빛냈습니다. 상대적으로 뛰어난 선수들에 가려 빛을 보지 못한 선수들이 많지만 그들의 노력마저 보이지 않았던 것은 아닙니다. 그들도 경기에서 승리하기 위해 매 경기 최선을 다해 연습하고 준비했습니다. 손뼉도 마주 쳐야 소리가 나는 법입니다. 그들이 없었다면 빛나는 선수들도 없었을 것입니다. 지금도 잠을 줄여가며 노력하고 있는 선수 모두를 e스타라고 부르고 싶습니다.

e스포츠를 대표하는 대회들은?

승부에는 선수를 흥분시키고 관중을 열광시키는 무엇이 있습니다. 길지 않은 e스포츠 역사에서도 수많은 승부가 벌어졌고 누군가는 승리의 영광을 차지했습니다. 지방에서 열린

카트라이더

소규모 PC방 대회부터 방송 경기와 국제 대회까지, 많은 사람들이 참가자이자 관전자로서 e스포츠에 흠뻑 빠졌습니다. 다양한 대회 중에서도 관계자, 팬들에게 권위를 인정받고 선수들의 진검 승부를 볼 수 있는 대회가 있습니다. 게임의 흥망성쇠에 따라 지금은 개최되지 않는 대회도 있지만 승부의

기록은 여전히 가슴속에 남아 있습니다. 팬들의 이목이 집중되는 대회 중의 대회에는 어떤 것들이 있을까요?

온게임넷 스타리그(1999~2012년)

기욤 패트리 ⓒ 김미미넷

e스포츠의 시발점이라고 할 수 있는 PKO(Progamer Korea Open)를 전신으로 하는 스타크래프트 대회입니다. 예선전을 통해 16명의 본선 진출자를 선발하고 리그와 토너먼트 방식을 혼용해 최종 우승자를 선정했습니다.

스타리그는 스타크래프트 리그의 줄임말인데 우승자는 리그의 명칭에 걸맞게 명예와 상금을 거머쥐며 스타가 되었습니다. 1년에 3회가량 대회가 개최되었으며 권위가 높은 대회답게 많은 선수들이 본선에 진출하기 위해 구슬땀을 흘렸습니다. 큰 규모의 대회가 많지 않던 시절에는 스타리그에 진출하느냐 마느냐로 선수의 가치가 정해지기도 했습니다. 임요환, 기욤 패트리, 홍진호, 박정석, 박성준, 이영호, 이제동 등 내로라하는 프로게이머들은 모두 스타리그에서 우승을 했거

나 결승에 진출했으며 이후에도 꾸준히 좋은 모습을 보여주
었습니다.

MSL(2001~2011년)

MBC Game Starcraft League의 줄임말인 MSL은 온게임넷
스타리그와 함께 스타크래프트 시대를 이끈 대회입니다. 온
게임넷 스타리그에 비해 상대적으로 기본기가 뛰어나고 당대
최강이라고 불리는 선수가 연속해서 우승을 많이 거두었습니
다. 온게임넷 스타리그에는 전략적인 맵이 많이 도입된 반면
MSL은 상대적으로 정석적인 맵이 많이 사용되었기 때문입니
다. 온게임넷 스타리그와 함께 양대 개인 리그라고 불리며 많
은 명경기와 스토리를 만들었습니다. 경기의 흐름을 정확하
게 읽어내는 게임 연출과 전문적인 해설이 곁들여져 오랜 시
간 동안 사랑받는 대회가 되었습니다.

프로리그(2003~2016년)

1대1 개인전 경기가 주류였던 스타크래프트를 팀 단위 경기로
진행한 대회입니다. 각 팀의 대표 선수들이 번갈아가면서 출
전해 먼저 정해진 승수를 쌓아올리는 팀이 승리했습니다. 프
로리그는 e스포츠를 팀 스포츠로 만드는 데 기여했으며 신예

FIFA 온라인 3

선수들의 등용문으로 활용되었습니다. 각 팀의 모든 선수들을 한 번에 볼 수 있었기에 인기 팀의 경기에는 자리가 없을 정도로 많은 팬들이 운집했으며, 2004년 부산 광안리 10만 관객의 전설을 만들어내기도 했습니다. 스타크래프트에서 스타크래프트2까지 대회를 이어오면서 많은 명승부를 만들었습니다.

WCG(2000~2013년)

World Cyber Games의 줄임말인 WCG는 1년에 한 번씩 개최되는 정기적인 국제 대회의 시초입니다. 각 나라의 국가 대표들이 한 자리에 모여 경기를 치르는 본선에는 다른 스포츠의 국제 대회 못지않게 많은 관심이 모였습니다. 우리나라뿐 아니라 세계적으로 인기가 많은 다양한 게임을 종목으로 선정해 큰 지지를 받았습니다. 스타크래프트, FIFA, 퀘이크, 워크래프트, 카운터 스트라이크 등 인기 종목과 시범 종목까지 포함해 다양한 대회를 개최하며 전 세계 게임 팬들의 축제가 되었습니다. 우리나라에서는 실제 본선보다 국가 대표에 선발되는 것이 훨씬 어려웠으며 국가 대표에 선발된 선수들은 대부분 본선에서 우승을 거두는 쾌거를 이루었습니다.

카트라이더 리그(2005년~)

넥슨의 인기 캐주얼 레이싱 게임인 카트라이더 리그는 2005년부터 개최되어 중간중간 휴식기도 있었지만 현재까지 꾸준하게 진행되고 있는 대회입니다. 박진감 넘치는 게임 화면과 쉴 틈 없이 바뀌는 순위는 관중들의 이목을 사로잡습니다. 한때 PC방에서 높은 점유율을 차지했던 게임이었던 만큼 많은 사람들이 지금도 편하게 관람하는 리그입니다. 초등학생 천재 프로게이머 문호준 선수를 탄생시킨 대회이기도 합니다.

GSL(2010년~)

Global Starcraft2 League의 줄임말인 GSL은 스타크래프트2를 대표하는 대회입니다. 본선 진출자 32명의 1대1 토너먼트 방식 위주로 경기가 진행되며 스타크래프트2가 출시된 이후 지금까지 꾸준하게 개최되고 있습니다. 1년에 세 번의 대회가 치러지며 각 대회에서 좋은 성적을 거둔 선수들은 블리즈컨

2017년 MSI 결승전 ⓒ 라이엇 게임즈

(BlizzCon)이라는 블리자드의 연간 행사에 초대됩니다. 초기 GSL의 우승 상금은 무려 1억 원으로 많은 게이머들의 관심을 불러일으켰고, 현재 우승 상금 역시 4,000만 원으로 단일 개인 리그 중에서는 가장 많은 상금이 걸려 있는 대회입니다.

리그 오브 레전드 프로 대회(2012년~)

리그 오브 레전드 개발 및 서비스사인 라이엇 게임즈가 각 지역의 e스포츠 팬과 플레이어를 위해 기획하고 진행하는 정규 리그입니다. 대한민국과 전 세계 e스포츠를 이끌고 있는 대회입니다. 일 년에 2회의 스플릿이 진행되며 10개의 참가 팀이 두 번의 풀리그 방식과 플레이오프를 통해 최종 우승팀을 결정합니다. 프로야구, 프로 농구와 비슷한 진행 방식이라고 볼 수 있습니다. 세계 총 13개 지역에서 같은 시기에 경기가 진행되며 지역별로 스프링 스플릿의 우승 팀은 세계 대회인 MSI(Mid-Season Invitational)에 출전할 자격을 부여받습니다. 이후 스프링 스플릿과 서머 스플릿의 성적에 따라 포인트를 합산해 그해 최고의 팀을 가리는 LoL 월드 챔피언십, 속칭 롤드컵에 진출하는 팀이 정해집니다. 권역별 대회와 세계 대회의 시스템이 잘 갖추어져 체계적인 리그 진행이 일품입니다.

오버워치 APEX(2016년~)

블리자드의 신생 게임인 오버워치 대회입니다. APEX는 레이싱 용어로서 자동차가 코너링을 할 때 그 코너의 정점을 의미합니다. 출시 초기부터 새로운 e스포츠 종목으로 큰 기대를 받았던 만큼 첫 대회부터 많은 참가 팀이 몰렸으며 국내에서 12팀, 해외에서 4팀 합쳐서 16개 팀이 약 3개월 동안 본선 경기를 치릅니다. 2017년 4월에 진행된 시즌2 결승전에서는 4,000명 이상의 관중이 모였는데 남성 팬뿐만 아니라 수많은 여성 팬들이 모여 오버워치의 시장 잠재력을 보여주었습니다.

e스포츠, 아는 만큼 보인다

팬들의 관심은 오로지 프로게이머와 그들의 경기에 쏠립니다. 선수들이 어떤 플레이를 보여주는지, 오늘 경기에서 승리하는지 패배하는지가 중요합니다. 프로게이머는 명실상부한 e스포츠의 주연 배우이자 선발 투수이며 4번 타자입니다.

제1호 프로게이머는 누구일까

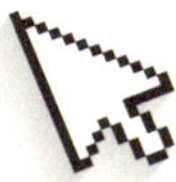

e스포츠에서 프로게이머는 가장 빛나는 존재입니다. 연극으로 비유하면 환한 조명을 받으며 무대 한가운데 서 있는 주연 배우와 같습니다. 관객의 이목은 주연 배우에게 집중됩니다. 주인공의 눈빛, 목소리, 분장, 손짓 하나까지 모든 것이 연극의 완성도를 높여줍니다. 물론 주연 배우가 연극의 전부는 아닙니다. 조연 배우의 연기도 중요하고 보조 출연자의 역할도 중요합니다. 보이지 않는 곳에서 허드렛일을 도맡아 하는 제작진도 어엿한 연극의 구성원입니다. 그러나 이들이 주연 배우를 대신하지는 못합니다. 주연 배우가 없다면 연극에 힘이 실리지 않습니다. 주연 배우가 누구냐에 따라서 흥행의 성패가 결정되기도 합니다.

또 다른 예로 프로야구를 생각해봅시다. 경기를 진행하기 위해서는 구단주, 감독, 코치, 심판, 해설자 등 다양한 자리에서 자기 몫을 수행하는 구성원들이 필요합니다. 이들의 역할은 아주 중요하지만 실제 경기에 참여하는 선수만큼 주목받지는 못합니다. 야구팬들은 심판의 제스처가 멋있는지, 코치의 사인이 적절한지 그보다는 투수가 어떤 공을 던지는지, 타자가 안타를 치는지 삼진 아웃을 당하는지 이에 더 큰 관심을 가지고 지켜봅니다.

e스포츠도 마찬가지입니다. 연극의 주연 배우, 프로야구의 투수와 타자처럼 프로게이머는 스포트라이트를 온몸어 받으며 경기에 임합니다. 팬들의 관심은 오로지 프로게이머와 그들의 경기에 쏠립니다. 선수들이 어떤 플레이를 코여주는지, 오늘 경기에서 승리하는지 패배하는지가 중요합니다. 프로게이머는 명실상부한 e스포츠의 주연 배우이자 선발 투수이며 4번 타자입니다.

지금은 프로게이머라는 직업이 우리 사회에서 어느 정도 자리를 잡았지만 프로게이머라는 용어가 처음 사용됐을 때는 많은 사람들이 적잖이 놀랐습니다. 사람들은 "어떻게 게임을 잘한다고 프로가 될 수 있나", "프로라는 단어는 게임과 어울리지 않는다"라고 말했습니다. 현재 프로게이머에 대한 인식은 예전과 비교하면 많이 나아졌지만 여전히 프로게이머라는 직업에 대해 부정적으로 바라보는 사람이 많습니다. 리그 오브 레전드 프로게이머 이상혁 선수는 "우리나라는 프로게이머에 대한 인식이 좋지 않아서 안타깝다. 선수들이 좀 더 프로 의식을 가지고 이러한 분위기를 바꿔야 한다"고 말하기도 했습니다.

그렇다면 대한민국 최초의 프로게이머는 누구일까요? 《한국 게임의 역사》에 따르면 1998년 말, 신주영(본명 박창준) 선수가 제1호 프로게이머로 알려졌다고 합니다. 신주영 선수는 스타크래프트 래더 토너먼트 1위를 차지하고 각종 대회를 섭렵했습니다. 그는 직접 플레이한 영상과 해설을 담은 비디오 테이프를 출시하기도 했는데, 스타크래프트를 좋아하는 팬들은 비디오테이프를 빌려 보며 그의 플레이를 넋 놓고 감상했습니다. 신주영 선수는 프로게이머의 초석을 다졌고 후배 선수들은 그의 유산을 이어받아 직업으로서 프로게이머를 안착시켰습니다.

프로게이머와 일반 게이머의

《스타크래프트 무작정 따라하기》

차이는 무엇일까요? 지금 이 순간에도 많은 이들이 프로게이머가 되기 위해 게임으로 밤을 지새웁니다. 이들은 왜 프로게이머가 되기 위해 게임에 전념하는 걸까요? 프르게이머에게는 도대체 어떠한 혜택이 있을까요? 게임을 하면서 돈을 벌 수 있다는 게 가장 큰 특징이자 장점입니다. 프로게이머가 되면 게임단과 계약을 맺고 연봉을 받을 수 있습니다.

프로게이머가 되면 대회에 입상했을 때 받는 상금에 세금도 거의 떼지 않습니다. 만약 프로게이머가 아닌데 상금을 획득했다면 안타깝게도 불로소득이라는 명분으로 22% 세금을 내야 합니다. 상금으로 100만 원을 수령하면 22만 원은 세금으로 내야 하는 셈입니다. 프로게이머가 사회적인 직업으로 인정받기 전까지 모든 프로게이머들은 항상 대회 상금의 22%를 세금으로 내야 했습니다. 매일 밤을 새워가며 치열하게 연습하고, 오롯이 게임에만 집중해서 수많은 경쟁자들을 제치고 상금을 받았는데 불로소득이라니요. 프로게이머 입장에서는 억울한 일이었습니다. 한국e스포츠협회와 선수들의 노력으로 프로게이머는 이제 더 이상 불로소득을 지불하지 않습니다. 프로게이머는 엄연히 전문 직업으로 인정받으며 상금에 대한 세금은 소득세와 주민세를 더해 3.3%밖에 지불하지 않습니다.

　게임을 하면서 돈을 벌 수 있다는 점이 프로게이머의 전부
는 아닙니다. 좋아하는 일을 직업으로 삼을 수 있다는 것은 큰
자부심을 가지게 합니다. 주변 사람들에게도 본인이 프로게
이머라고 당당하게 이야기할 수 있습니다. 한때 게임 폐인이
라고 치부되었던 프로게이머의 인식이 긍정적으로 변하고 있
는 점은 앞으로 e스포츠가 더 발전할 수 있는 기틀이 될 것입
니다.

e스포츠의 존재 이유, 팬

e스포츠의 주연 배우이
자 4번 타자가 프로게이머
라면 팬은 e스포츠의 존재 이
유입니다. 팬이 없는 스포츠
는 존재할 수 없습니다. 아
무도 봐주지 않는 스포츠는
이내 사라지고 맙니다. 다른
모든 스포츠들과 마찬가지로
게임 팬들의 관심과 사랑이 없

리그 오브 레전드 아리

었다면 e스포츠는 지금과 같이 성장하지 못했을 것입니다.

무언가에 대한 관심과 애정은 굉장한 힘을 가지고 있습니다. 많은 사랑을 받을수록 할 수 있는 일이 많아집니다. 학교에서는 인기가 많은 학생이 반장 후보로 추천받습니다. 선후배들에게 두루 인정을 받는 직장인은 금방 승진하고 요직을 차지합니다. 후원자가 많은 정치인은 당 대표가 되고 대선 후보가 되어 대통령으로 선출됩니다.

팬들은 자기가 좋아하는 선수가 소속된 팀을 응원합니다. 많은 팬들을 보유하고 있는 프로게이머의 경기에는 시청률이 높고 사람들의 이목이 집중됩니다. 자기를 좋아하는 팬들이 많다는 사실은 천군만마를 등에 업은 것과 같습니다. 선수들도 팬들을 각별하게 생각합니다. 어떨 때는 자신을 위해 게임을 하는 것인지, 자신을 좋아하는 팬들을 위해 게임을 하는 건지 헷갈릴 때가 있을 정도입니다.

e스포츠의 팬이 다른 스포츠의 팬과 다른 점

e스포츠의 팬이 다른 스포츠의 팬과 다른 점이 하나 있습니다. 10대나 20대 등 젊은 층이 대부분이라는 점입니다. 컴퓨터, 스마트폰을 다루는 데 능숙한 이들은 인터넷을 통해 다양한 활동을 전개하고 다른 분야에 영향을 미칩니다. 팬들은 네이버, 다음과 같은 포털 사이트를 이용해 프로게이머의 팬 카페를 개설하고 적극적으로 선수들을 응원합니다. 다른 스포

츠도 인터넷을 활용해 응원하는 것은 마찬가지지만 컴퓨터의 보급과 네트워크 서비스의 발전을 몸으로 체험한 e스포츠의 팬들은 인터넷을 좀 더 잘 활용합니다.

인터넷의 강점은 빠른 속도입니다. 마우스를 살짝만 클릭하면 언제든지 국경을 뛰어넘을 수 있고, 자신이 원하는 것을 쉽게 찾아낼 수 있습니다. 다른 사람에게 알리고자 하는 정보가 있으면 순식간에 다른 곳으로 자료를 넘겨줄 수 있습니다. 팬들은 인터넷을 통해 고속으로 여과 없이 소통합니다.

이렇듯 팬들의 활동은 주로 온라인에서 이루어집니다. 자신이 좋아하는 프로게이머들의 팬 카페, 커뮤니티에서 같은 관심사를 지닌 사람들을 모읍니다. 좋아하는 선수의 인터뷰나 기사에 댓글을 달거나 선수에게 응원 메일을 보내기도 합니다. 그들의 수는 한 명, 두 명 늘어났습니다. 자그마한 눈덩이가 가파른 산을 타고 내려가면서 어마어마하게 커지듯이 팬들의 수는 기하급수적으로 증가했습니다.

임요환 선수의 팬 카페는 회원 수만 50만 명을 넘어서는 진기록을 세웠습니다. 다른 선수들의 팬 카페 회원 수를 더하면 몇 백만 명은 족히 될 것입니다. 선수들은 팬들의 큰 사랑을 받으며 기분 좋게 마우스와 키보드를 두드립니다. 연극의 배우가 아무리 잘생기고, 예쁘고, 연기를 잘하고, 스타성을 가졌다고 해도 그를 좋아하는 팬이 없다면 주연 배우로 성공할 수 없습니다.

e스포츠가 성장하고, 프로게이머가 어엿한 직업으로 인정받으며 우리 사회에서 자리 잡을 수 있었던 이유는 오로지 단 하나밖에 없습니다. 게임을 좋아하고 e스포츠와 프로게이머를 지지해주는 팬들이 있었기 때문입니다. 앞으로도 e스포츠 발전은 팬들의 관심과 사랑에 달려 있습니다.

게임 해설자는 게임을 잘할까

e스포츠 경기를 직접 본 적이 있나요? 경기장 주변을 쭉 둘러보면 프로게이머들이 헤드셋을 끼고 마우스를 바쁘게 움직이며 게임에 몰입하는 모습이 보입니다. 프로게이머를 응원하는 팬들은 숨죽인 채, 때로는 환호하며 경기를 지켜봅니다. 촬영 감독은 카메라를 움직이며 선수들의 표정을 클로즈업합니다. 그리고 이 모든 상황을 통제하고 진행하는 사람들이 있습니다. 경기를 중계하는 캐스터와 해설자입니다. 그들의 중계는 게임에 활기를 불어넣습니다. 게임을 전혀 모르는 사람이라도 e스포츠를 보면 박진감을 느낄 수 있습니다. 중계진은 특유의 톤으로 경기 분위기를 서서히 고조시킵니다. 선수들 사이에 라이벌 구도를 만드는 것과 같이 스토리를 창조해 경

e스포츠 중계진

기 외적인 재미를 안겨주기도 합니다. 캐스터와 해설자는 소금과 비슷합니다. 아무리 신선한 재료가 준비되어 있어도 소금이 없으면 간을 제대로 맞출 수 없습니다. 캐스터와 해설자의 목소리가 없는 e스포츠 경기는 양념이 되지 않은 요리처럼 싱거울 것입니다.

e스포츠 중계진은 보통 3인 체제로 이루어집니다. 가운데 캐스터가 앉고 캐스터 양 옆에 해설자가 자리를 잡습니다. 캐스터는 방송이 시작할 때부터 끝날 때까지 경기를 매끄럽게 진행합니다. 선수들, 팀 순위, 오늘 어떤 경기가 펼쳐질지 소개하고 안내하는 역할을 맡습니다. 경기 중에는 시청자가 좀

더 알기 쉽게 경기를 볼 수 있도록 배려합니다. 게임에 대한 기본 지식을 숙지하고 게임 속에 나오는 캐릭터와 등장인물들의 이름이 무엇인지, 그들이 어떤 기술을 쓰는지, 현재 벌어지고 있는 상황은 어떠한지 맛깔나게 중계합니다. 캐스터의 신나는 중계를 보다 보면 나도 모르게 경기에 빠져들고 맙니다.

해설자의 역할

이에 반해 해설자는 게임 내용에 대해 좀 더 전문적인 설명을 곁들입니다. 게임 속에서 벌어지고 있는 상황 속 배경을 알려주고 선수들의 심리 상태까지 파악해 게임을 예측합니다. 선수들의 특징과 스타일에 대해 자세하게 분석해 관전 포인트를 짚어줍니다. 선수 간의 상대 전적은 어떠한지, 현재 어떤 선수의 기세가 좋은지, 게임을 관통하는 큰 흐름은 무엇인지 시청자에게 알려줍니다. 복잡한 상황들을 알기 쉬운 말로 바꾸어서 초심자라도 쉽게 이해할 수 있도록 배려합니다.

캐스터에게 요구되는 자질은 방송 시작부터 끝까지 물 흐르듯이 경기를 진행하면서 시청자 입장에서 궁금한 점을 해설자에게 묻는 것입니다. 반면 해설자는 좀 더 게임에 집중해 현 상황에 대해 재빠르게 분석하고 이를 조리 있는 말로 풀어내야 합니다. 캐스터가 게임의 기본 지식만 알고 있어도 되는 것과는 다르게, 해설자는 게임을 누구보다 잘 이해해야 하고 게임을 읽는 눈이 빠른 동시에 밝아야 합니다. 선수들의 최신 트렌드를 놓치지 않고 따라가야 하기에 누구보다 게임을 많이 보고 공부합니다.

e스포츠의 이런 중계 방식은 축구 중계와 닮은 점이 많습니다. 축구 경기를 보면 아나운서 출신인 스포츠 전문 캐스터가 주로 진행합니다. 10번 유니폼을 입은 선수의 이름은 무엇인지, 어느 나라 출신 선수인지 등 기본적인 정보를 알려줍니다. 중계가 끊어지지 않도록 계속 말을 건네는 역할도 합니다. 반면 해설자는 선수 출신인 경우가 많습니다. 그들은 오랜 선수 경험을 바탕으로 어떤 대목에서 어떤 것이 중요한지 단번에 알아냅니다. 공을 가지고 있는 선수가 왜 슛을 쏘지 않고 패스를 했는지, 왜 갑자기 특정한 움직임을 보여줬는지, 빈 공간을 어떻게 활용하는지 등 선수의 입장에서 경기를 보고 상황을 설명합니다.

이러한 연유로 e스포츠를 중계하는 캐스터는 아나운서 출신이 많은 반면, 해설자는 프로게이머 출신이 대부분입니다. 대표적인 게임 캐스터인 전용준, 정소림 캐스터는 아나운서 출신이고 김동준, 김정민, 이현우, 고인규 등 해설자들은 거의 모두 프로게이머로 활동했던 선수들입니다. 캐스터가 되고 싶다면 매끈한 진행 능력을, 해설자가 되고 싶다면 게임에 대한 해박한 지식과 함께 말을 쉽게 풀어내는 연습을 해야 할 것입니다.

캐스터와 해설자에 따라서 게임의 중계 방향이 바뀌기도 합니다. 어떤 캐스터는 만담을 섞어가며 경기의 분위기를 즐겁게 만들기도 하고, 어떤 캐스터는 크고 빠른 곡소리로 경기의 긴장감을 높입니다. 어떤 해설자는 현재 진행되고 있는 상황에 근거해 집중적으로 해설하는 반면, 어떤 해설자는 게임 외적으로 선수들 간의 관계를 중심으로 해설하기도 합니다. 같은 캐스터라도 어떤 해설자와 합을 맞추느냐에 따라 중계 스타일이 바뀌는 것도 흥미롭습니다. 똑같은 경기를 중계하더라도 캐스터와 해설자에 따라서 게임을 보는 관점이 완전히 달라질 수 있습니다. 이는 동일한 게임이라도 여러 가지 해석을 낳을 수 있다는 점에서 e스포츠의 재미라고 볼 수 있습니다. 여러 캐스터와 해설자가 중계한 경기를 찾아보고 비교하면서 경기를 관람하는 것도 e스포츠를 즐기는 또 하나의 방법입니다.

감독과 코치, 그들의 손에서 명경기가 탄생한다

다른 스포츠와 마찬가지로 e스포츠에도 감독과 코치가 있습니다. 시청자의 눈에 잘 띄지는 않지만, 감독과 코치는 프로게임단의 선장이자 사령탑입니다. e스포츠의 감독과 코치는 구체적으로 어떤 일을 할까요? 농구나 배구처럼 절체절명의 순간에 작전타임을 외치고 선수들에게 어떻게 움직여야 하는지 지시를 할까요? 아니면 야구처럼 약속된 사인을 주고받으며 어떤 전술을 활용할지 고민할까요? 다른 스포츠와 비교하면서 e스포츠의 감독과 코치의 특징에 대해 알아보겠습니다.

사실 시청자들은 감독과 코치가 어떤 일을 하는지 알기 어렵고 관심도 적습니다. 게임은 프로게이머가 직접 하기 때문에 감독과 코치는 드문드문 카메라에 잡힐 뿐입니다. 심지어

e스포츠에 감독과 코치가 왜 필요한지 모르겠다고 말하는 사람도 있습니다. 이렇게 생각하는 것도 무리는 아닙니다. 다른 스포츠는 매 순간 감독의 지시에 따라 경기가 이루어지며 실제 경기에 참여하지는 않지만 경기를 지배하는 지휘자의 역할을 수행합니다. 반면 e스포츠는 경기가 시작되고 끝날 때까지 프로게이머가 스스로 생각하고 판단을 내립니다. 경기 중에 감독이 선수 옆으로 다가와서 귓속말을 하거나 작전 지시를 내리지 않습니다.

축구, 야구와 비교하면 차이점을 쉽게 알 수 있습니다. 축구 경기를 보면 감독이 그라운드에 나와서 고래고래 소티를 지르는 모습을 자주 볼 수 있습니다. 정장 차림을 하고 두 손을 휘저으며 전술을 계속 변경합니다. 드로잉을 하는 선수나 교체 선수에게 다가가 상황에 맞게 지시를 내리기도 합니다. 특정 선수가 컨디션이 좋은지 아닌지 재빨리 판단하고 용병술을 발휘합니다. 팀의 경기 스타일에도 직접적인 영향을 미칩니다. 감독이 누구냐에 따라서 팀이 공격적으로 변하기도 하고 수비 중심으로 변하기도 합니다. 개인 기량을 중심으로 경기를 운영할 수도 있고 팀 플레이를 중심으로 운영할 수도 있습니다.

야구는 축구보다 감독의 역할이 더 큰 스포츠입니다. 감독은 벤치에 앉아서 날카로운 눈으로 경기를 지켜보다가 상황에 따라서 기습적인 번트를 지시하거나 도루 사인을 보냅니다. 투수를 교체하거나 대타를 세우는 것도 모두 감독의 권한입니다. 감독은 1회 초부터 9회 말까지 순간순간 선수들이 어떻게 움직여야 하는지 지시를 내립니다. 축구든 야구든 감독의 역할이 중요하지 않다고 생각하는 사람은 없을 겁니다. 감독이 누구냐에 따라 팀의 정체성은 손바닥 뒤집듯 바뀝니다.

이에 반해 e스포츠는 경기 내적으로 감독의 역할이 다른 스포츠만큼 크지 않습니다. 이는 스타크래프트를 통해 발전한 e스포츠의 속성에 기인합니다. 스타크래프트는 1대1 경기가 기본인 게임이며, 동시에 상대방이 무엇을 하고 있는지 명확하게 알 수 없는 특징을 가지고 있습니다. 상대방이 어떤 생각을 하고, 어떤 플레이를 할지 정확하게 예측할수록 승률이 높아집니다. 프로 간의 경기에서 상대가 무엇을 하는지 100% 알 수 있다면 승리는 누워서 떡 먹기입니다. 소위 '맵핵'이라고 하는, 상대가 무엇을 하는지 훤히 볼 수 있는 프로그램이 온라인상에서 유행한 것도 이런 이유 때문입니다.

경기 중에 감독이 상대 선수의 플레이를 보고 자기 편 선수에게 알려주는 것은 부정행위입니다. 어차피 캐스터와 해설자가 큰 소리로 경기에 대해 설명하고 있는데 상관없지 않느냐고요? 선수들은 완벽한 방음 시설이 갖춰진 공간에서 경기를 진행합니다. 거기에 더불어 헤드셋도 착용하고 있습니다. 이중, 삼중으로 방음을 한 상태에서 게임이 진행되는 것입니다. 만약 감독이 경기 도중에 자유롭게 선수에게 의견을 전달할 수 있게 된다면 감독의 역할이 좀 더 커질 테그 이는 색다른 관람 요소가 될지도 모르겠습니다. 하지만 e스포츠 본연의 재미가 반감될 가능성이 높습니다.

지금은 프로게이머 출신 감독, 코치가 많지만 e스포츠가 성장하기 시작한 시절에는 그렇지 않았습니다. 감독이라는 호칭도 없었습니다. 당시 감독은 그저 게임을 좋아하는 형이자 동료였습니다. 1세대 감독들은 순수하게 게임을 좋아하는 사람들이었고, 재능이 뛰어난 동생들을 챙겨주고 싶은 마음으로 굳은 일을 자처했습니다. 선수들의 연습 장소와 숙식을 해결할 수 있는 공간을 준비하면서 사비를 털고 빚을 냈습니다. 팀 운영비를 지원받기 위해 여러 기업의 문을 두드리며 발품을 팔았습니다.

감독의 역할

e스포츠 감독은 선수가 편안한 환경에서 좋은 조건으로 게임을 할 수 있도록 지원해주는 역할을 수행합니다. 조금이라도

좋은 지원을 받기 위해 여기저기 뛰어다니고 좀 더 좋은 환경을 만들려고 지속적으로 노력합니다. 소속 팀 프로게이머의 성공은 선수의 성공이자 감독의 성공입니다. 소속 선수가 유명해지면 팀은 좀 더 나은 지원을 받을 수 있고, 감독의 역량도 인정받을 수 있습니다. 결국, 상대에게 이기기 위해 최선의 노력을 다하는 것에서는 프로게이머와 감독이 똑같습니다. 선수는 오로지 게임에 집중하고, 감독은 선수가 게임에 집중할 수 있도록 도와주는 게 다를 뿐입니다.

스타크래프트의 인기와 e스포츠의 발전으로 많은 팀들이 기업의 후원을 받으며 창단했습니다. 선수들의 뒷바라지를 하던 형이자 동료였던 그들은 이제 감독으로 호칭이 바뀌었습니다. 하지만 처음부터 감독과 동고동락한 선수들은 감독이라는 호칭을 쓰지 않았습니다. 여전히 형이라고 불렀고 살가운 관계를 유지했습니다. e스포츠의 감독과 선수의 유대 관계는 단순한 감독과 선수의 관계 이상이었습니다.

코치의 역할

팀이 성장하면서 선수들이 늘어났습니다. 숙소도 커졌고 게임 외적인 지원도 좋아졌습니다. 감독 혼자서 모든 선수들을 관리하고 대외 업무까지 맡기에는 물리적으로 불가능한 상황이 되었습니다. 자연스럽게 게임단에서는 경력이 오래된 고 참급 선수들이 후배들을 챙기기 시작했습니다. 이들은 프로 게이머 생활을 마치고 자연스럽게 전업 코치로 전향했습니다. 이러한 흐름은 지금까지 이어지고 있습니다.

코치는 선수들이 연습에 전념할 수 있도록 분위기를 조성하고 좀 더 나은 플레이를 할 수 있도록 도와줍니다. 프로게이 머에게 경기 내적으로 직접적인 조언을 할 수 있어야 하기에 왕년에 뛰어난 실력을 가졌던 선수 출신이 대부분입니다. 프로야구는 투수 코치, 타격 코치처럼 전문 분야에 맞게 코치진도 화려합니다. 프로야구처럼은 아니지만 e스포츠에도 종목별로 코치를 운영하기도 합니다.

스타크래프트에 이어 리그 오브 레전드가 e스포츠의 중심 종목으로 자리 잡으면서 코치의 역할은 더욱 커졌습니다. 1 대1 경기가 기본인 스타크래프트와 달리 리그 오브 레전드는 5대5 경기가 기본인 팀 게임입니다. 다섯 명이 같이 게임을 해야 하기 때문에 연습 일정과 시간을 사전에 계획하고 정해야 합니다. 연습 경기를 위해 상대 팀을 섭외하고 일정을 조율합니다. 약속을 정하고 정해진 시간에 선수들이 모여 연습 경기를 진행합니다. 이렇게 팀 대 팀으로 연습 경기를 하는 것을 스크림(Scrim)이라고 합니다. 스크림은 미식축구의 연

강도경 감독 ⓒ acrofan.com

습 경기를 뜻하는 Scrimmage의 줄임말로 e스포츠에서는 보통 명사처럼 사용되고 있습니다. 이런 스크림을 기획하고 진행하는 것은 온전히 코치의 역할입니다.

적당한 스크림 상대를 구하는 일은 쉽지 않습니다. 모든 팀은 자기 팀과 동등하거나 자기 팀보다 뛰어난 실력을 가진 팀과 스크림을 하고 싶어 하기 때문입니다. 실력 향상에 도움이 되기 위해서는 자기 팀보다 잘하는 팀과 하는 게 유리합니다. 상대 팀의 전략을 흡수할 수 있고 게임 운영 방법을 배울 수 있기 때문입니다. 각 팀의 코치들은 저마다 눈치를 살펴가며 스크림을 계획합니다. 배틀코믹스 강도경 감독은 "스크림 상대를 구하고 일정을 정하는 데만 하루가 다 지나가는 날도 있다"며 스크림 상대를 구하는 고충을 토로했습니다.

선수들 사이에 의견이 엇갈렸을 경우에 이를 중재하는 것도 코치가 할 일입니다. 경기에서 승리했을 때는 큰 문제가 없지만 패배했을 때는 선수들끼리 싸움이 벌어지기도 합니다. 서로 "너의 실수였다", "여기서는 이렇게 했으면 안 됐다"라며 타박합니다. 선수들끼리 원만하게 의견을 주고받으며 건설적인 방향으로 나아가면 다행이지만 그렇지 못하면 앙금이 남을 수도 있습니다. 이는 팀워크에 나쁜 영향을 주고 팀 경기력에 지장을 줄 수도 있습니다. 이런 사태를 방지하기 위해 코치는 최대한 중립적인 입장에서 선수들에게 경기가 끝난 뒤에 잘못된 부분을 설명해줍니다. 선수들은 코치의 말을 듣고 자신의 플레이를 돌아봅니다. 코치와 선수 사이에 신뢰 관계가 두터울수록 선수들이 연습에 매진할 수 있고 부족한 부분을 보완할 수 있습니다. 앞으로 코치의 역할은 점점 더 중요해질 테고 누가 코치를 맡느냐에 따라 팀의 성적에 큰 영향을 미칠 날이 올 것입니다.

스타크래프트, 리그 오브 레전드, 오버워치와 같은 인기 종목은 감독, 코치, 선수의 역할과 경계가 뚜렷하지만 상대적으로 대중적이지 않은 종목은 그 경계가 모호합니다. 게임이 대중의 인기를 얻고, 리그가 활성화하면 관련 종사자가 늘어나고 체계도 다져집니다. 이는 아주 자연스러운 현상입니다. 사람들의 발길이 끊이지 않는 식당에는 많은 종업원이 필요하며 종업원이 할 일이 매뉴얼로 딱 정해져 있는 것과 같습니다. e스포츠가, 몇 개의 음식점만 붐비지 않고, 색다른 요리를 선보이는 식당들에도 많은 사람들이 북적이는 것처럼 되길 바라봅니다.

프로게이머의 개성 넘치는 스타일은 어떻게 만들어진 걸까

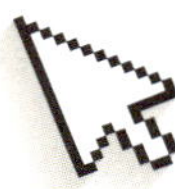

e스포츠의 중심에는 프로게이머가 있습니다. 하나의 e스포츠 경기를 진행하기 위해서는 다양한 구성원의 노력이 필요하지만 프로게이머는 그중에서도 가장 많은 노력을 필요로 합니다. 주변 상황에 흔들리지 않고 중심을 굳건하게 지키기 위서 부단한 연습과 자기 관리가 동반됩니다. 한 경기를 위해 수많은 시간과 노력을 들이는 만큼 가장 밝고 빛나는 스포트라이트를 받습니다.

프로게이머는 꽃 중의 꽃인 장미와 닮았습니다. 장미의 화려한 꽃잎 뒤에 숨어 있는 가시처럼 프로게이머의 빛나는 모습 뒤에는 보이지 않는 연습 과정이 숨어 있습니다. 같은 장미라고 해도 품종마다 색깔이 다양합니다. 대부분의 장미는 포도주처럼 진한 붉은색이지만 어떤 장미는 노랗기도 하고 하얗기도 합니다. 다양한 색깔의 장미는 우리의 눈을 즐겁게 만들어주고 사물을 새로운 시선으로 바라보게 합니다.

이와 마찬가지로 프로게이머의 개성 넘치는 스타일은 e스포츠를 더욱 풍성하게 만들어줍니다. 선수들은 같은 게임을 하고 있는데도 불구하고 마치 다른 게임을 하는 것처럼 자기만의 색깔을 만들어내며 전장을 누빕니다. 공격에 능한 선수가 있는 반면, 수비가 일품인 선수도 있습니다. 기습적인 전략을 선호하는 선수가 있고 안정적인 운영을 자랑하는 선수도 있습니다. 프로게이머가 100명이라면 100가지 스타일이 생겨납니다.

선수들의 이러한 게임 성향은 어떻게 만들어지는 걸까요? 공격적인 플레이에 일가견이 있는 선수는 게임을 시작할 때부터 공격적으로 게임을 했을까요? 아니면 성격 자체가 공격적인 걸까요? 프로게이머들도 처음 게임을 시작할 때는 일반인과 똑같습니다. 조작법을 익히고, 유닛의 특성에 대해 숙지하고, 어떻게 하는 게 승리로 향하는 방법인지 배워나갑니다. 시간이 지나면서 게임에 대한 이해도가 높아지고 자신만의 주관이 생깁니다. 이는 서서히 본인의 게임 스타일로 드러납니다. 이해하기 쉽도록 축구를 예로 들어보겠습니다.

선수의 판단이 스타일이 되다

건장한 30대 남성인 C씨는 매주 건강을 위해 조기 축구를 합니다. 그런데 어느 날 갑자기 세계 최고의 축구 클럽인 레알 마드리드의 간판스타인 호날두가 조기 축구 회원으로 가입했다고 합니다. C씨는 선망했던 호날두를 보고 두 눈이 휘둥그레집니다. 그리고 그의 플레이를 유심히 관찰합니다. 호날두는 패스를 받자마자 어떻게 공을 몰고 가서 슛을 날려야겠다고 본능적으로 생각할 겁니다. 몸을 움직이는 속도와 거의 같은 속도로 두뇌 회전이 이루어집니다. 호날두는 몸짓 몇 번으로 상대 수비의 기량을 재빨리 파악하고, 화려한 발재간으로 수비를 제친 뒤 골을 넣습니다. 조기 축구이지만 특유의 세레머니도 함께 따라옵니다. C씨는 호날두의 플레이에 영감을 받고 그와 똑같이 해보려고 합니다. 하지만 같은 상황에서도 우물쭈물하다가 공을 뺏길 가능성이 높습니다. 축구를 보는 눈과 실력은 다르기 때문입니다.

프로게이머 간의 경기에서도 비슷한 상황이 벌어집니다. 어떤 선수는 "이 상황이라면 좀 더 몰아붙여서 유리한 고지를 점령할 수 있겠다"라고 생각하면서 공세에 박차를 가하지만 어떤 선수는 같은 상황인데도 불구하고 수비에 치중해야 할 타이밍이라고 판단합니다. 똑같은 상황을 선수마다 다르게 해석하기 때문에 선수별로 스타일이 확연하게 구분되는 것입니다.

일반적으로 팬들은 공격적인 플레이를 선보이는 선수를 좋아합니다. 서로 치고받는 게임은 박진감이 넘치고 매 순간 긴장의 끈을 놓을 수가 없기 때문입니다. 하지만 반대로 긴 호흡의 승부를 선호하는 팬들도 있습니다. 경기를 큰 관점에서 조명할 수 있고 후반까지 이어지는 승부의 과정에서 선수들의 진면목을 볼 수 있기 때문입니다.

e스포츠, 특히 스타크래프트를 바둑과 비유하는 경우가 많습니다. 스타크래프트와 바둑은 여러모로 유사한 부분이 많습니다. 심리적인 요소가 경기력에 큰 영향을 미치는 점, 초반부터 후반까지 형세를 읽고 수시로 전략을 수정해야 하는 점, 선수 홀로 고독한 승부에 임해야 하는 점 등이 닮았습니다.

바둑 팬들은 신출귀몰하고 화려한 이세돌 기사의 바둑을 좋아하기도 하고, 날카로운 공격으로 상대를 제압하는 김지석 기사의 바둑을 좋아하기도 합니다. 목진석 기사처럼 묵직하고 두터운 바둑을 두는 기사를 선호하는 팬들도 있습니다. 바둑이라는 하나의 경기에서도 무수히 많은 스타일이 창조됩니다. 조훈현, 이창호, 이세돌, 박정환 기사는 모두 시대를 대표하는 절대 고수이지만 스타일이 완전히 다릅니다. 기사들은 본인의 강점을 갈고 다듬어서 자기만의 스타일을 구축합

박정석 ⓒ 박승현

니다. 이는 바둑을 보는 즐거움을 더해주는 요소가 됩니다. 창과 창이 서로의 가슴을 찌르는 경기와 방패와 방패가 맞물려서 힘을 겨루는 경기 모두 흥미롭습니다. 만약 바둑이 항상 똑같은 양상으로 진행된다면 머지않아 시청자들은 바둑을 보지 않을 것입니다.

팬들은 프로게이머의 스타일에 맞는 별명을 붙여주었습니다. 폭풍처럼 몰아치는 경기 스타일 때문에 폭풍 저그 홍진호가 탄생했고, 난세에 피어나는 영웅과 같은 플레이를 보여주어 영웅 프로토스 박정석이 태어났습니다. 독보적인 실력으로 같은 프로게이머들마저 압살한 페이커 이상혁 선수에게는 세계 최고 미드라이너, 속칭 '세체미'라는 별칭이 붙었습니다. 선수들은 본인의 별명에 누가 되지 않도록 더 노력하고, 별명에 걸맞은 플레이를 보여주기 위해 치열하게 준비합니다. 저마다 개성이 넘치는 프로게이머의 경기 스타일은 e스포츠를 화려하고 풍요롭게 만듭니다. 형형색색의 장미 꽃잎들이 우리의 눈을 즐겁게 해주는 것처럼 말입니다.

게임 연출가, 옵저버?

e스포츠에는 다른 스포츠에는 없는 독특한 역할을 수행하는 사람이 있습니다. 이 사람은 캐스터와 해설자가 선수들의 경기를 중계할 수 있도록 게임 화면을 송출합니다. 게임 연출가, 속칭 '옵저버'입니다. 옵저버의 유무는 e스포츠와 다른 스포츠를 구분하는 특징입니다. 시청자가 텔레비전으로 보는 게임 화면은 게임 연출가가 컴퓨터 모니터로 보고 있는 화면과 같습니다.

옵저버는 스타크래프트에 나오는 유닛 중의 하나입니다. 첨단 기술을 자랑하는 프로토스 종족의 기계 로봇으로, 옵저버를 활용하면 자신을 노출하지 않고 상대방이 무엇을 하는지 정찰할 수 있습니다. 상대 몰래 전황을 살펴볼 수 있는 옵저버는 보통명사가 되어 게임 연출가를 지칭하게 되었습니다.

앞서 e스포츠의 특징 중 하나로, 경기에 임하는 선수는 상대방이 무엇을 하는지 정확하게 알 수 없다는 점을 들었습니다. 농구를 예로 들면, 상대 팀 선수가 드리블을 하면서 다가오는 것을 전혀 모르고 있다가 슛을 날리는 장면에서 갑자기 인지하는 것과 비슷합니다. 이는 물론 상대방의 입장에서 봤을 때도 마찬가지입니다. e스포츠에서는 상대방의 영역이 마치 뿌연 안개에 가려진 것처럼 명확하게 드러나지 않습니다. 나와 상대방의 경계선에 적이 나타나는 순간, 상대방의 모습이 드러납니다. 따라서 상대가 무엇을 생각하고 있는지, 어떤 플레이를 할지 알아내고 예측하는 일이 무엇보다 중요하고 이에 능한 선수는 매 경기 승리를 거머쥘 확률이 높아집니다.

프로게이머들은 경기 초반부터 상대의 수를 읽기 위해 부단히 애쓰지만, 시청자들까지 보이지 않는 상대방의 전략이 무엇이고 그걸 예측하는 수고를 할 필요는 없습니다. 게임 연출가가 선수들의 현재 상황이 어떤지, 현재 어떤 전략을 시도하려고 하는지 한눈에 보여주기 때문입니다.

게임 연출가는 모든 선수의 플레이를 제3자의 관점에서 지켜볼 수 있는 특권이 있습니다. A선수가 어떤 플레이를 하는지, B선수는 이에 맞춰 어떤 플레이를 하는지 동시에 볼 수 있습니다. 게임 연출가 덕분에 시청자는 영화관에서 편안하게 영화를 보듯이 게임을 관전할 수 있습니다. 만약 게임 연출가가 없다면 시청자들은 특정 선수의 개인 화면만 봐야 할 것입니다. 일부 팬들은 환영할지도 모르지만 대다수의 시청자는 선수들의 빠른 화면 전환에 어지러움을 느끼고 곧 채널을 돌리고 말 겁니다. 게임사는 게임 내에 관전자 모드를 별도로 만들어서 시청자가 경기를 편하게 볼 수 있도록 배려하기도 합니다.

게임 연출가에게 필요한 자질은?

게임 연출가에게는 게임에 대한 해박한 지식과 더불어 시청자의 입장에서 생각하는 마음이 필요합니다. 게임이 진행되고 있는 도중 어느 곳이 제일 중요한 지점인지 캐스터와 해설자보다 먼저 파악해 그 부분을 시청자에게 보여줘야 합니다. 상대 선수가 드리블해서 슛을 날리려고 하는 긴박한 상황에서 갑자기 감독의 얼굴이 화면에 잡히면 시청자가 눈살을 찌푸릴 겁니다. 슛이 성공하는지 마는지 감독의 표정으로 확인하려는 카메라맨의 센스일 수도 있습니다. 그러나 이런 일이 반복되다 보면 카메라맨은 곧 방송국에서 쫓겨날지도 모릅니다. 그래서 보통 중요한 슛 장면은 운동장 전체가 보이는 화면으로 보여줍니다. 슛이 성공하거나 실패해 소강상태로 접어들면 슛을 날렸을 때 감독의 제스처가 리플레이로 나오고, 선수의 슛 장면이 슬로모션으로 나옵니다. 우리는 이러한 연출에 익숙해져 있기 때문에 특별한 의식 없이 스포츠를 시청하지만, 방송국과 카메라맨은 시청자가 좀 더 편하게 스포츠를 관람할 수 있도록 배려하고 있는 것입니다.

게임 연출가도 마찬가지입니다. 치열한 교전이 펼쳐지고 있는 상황에서는 교전이 벌어지고 있는 곳을 보여줘야 합니다. 선수들이 일반적인 플레이가 아닌 색다른 전략을 시도한다면 누구보다 먼저 이 사실을 간파하고 중계진에 신호를 보내야 합니다. 게임에 대한 지식이 없으면 어떤 상황에서 어떤 것이 가장 중요한지 정확하게 알 수 없습니다. 이에 게임 연출가는 전 프로게이머 혹은 프로게이머에 준하는 실력을 갖춘 아마추어가 주로 맡습니다. 리그 오브 레전드 리그 게임 연출을 맡고 있는 전 프로게이머 김대웅 씨는 "선수 시절에는 좁은 시야로 구체적으로 경기를 분석했지만 게임 연출을 맡으면서 넓은 시야를 가지고 게임 전반의 흐름을 읽는 게 중요하다고 느꼈다"라고 말했습니다.

모든 사람들은 자기가 아는 만큼 볼 수 있고 아는 만큼 들을 수 있습니다. 아무리 뚫어져라 쳐다보아도 모르는 것을 곧

바로 알 수는 없습니다. 게임 연출가가 게임에 대해 많이 알면 알수록 시청자는 좀 더 수준 높은 경기를 관람할 수 있습니다. 게임 연출가는 시청자가 재미있는 경기를 볼 수 있도록 보이지 않는 곳에서 묵묵히 자신의 역할을 수행하고 있습니다. 지금 이 순간에도 게임을 공부하고 누구보다 열심히 마우스를 움직이고 있는 이가 있다면 바로 게임 연출가가 아닐까 생각합니다.

게임이 갑자기 멈추는 이유: 심판의 역할

리그 오브 레전드 리그 경기 중인데 치열한 공방전이 오가고 있는 중요한 상황에서 화면이 갑자기 꺼지며 게임이 멈추었습니다. 동시에 팬들의 탄식이 쏟아지고 선수들은 어쩔 줄 몰라 당황한 표정을 짓습니다. 옵저버의 PC가 갑자기 게임 바깥으로 튕겨버렸고 선수들과 팬들은 20여 분 동안 멍하니 자리를 지키고 있어야 했습니다.

e스포츠에서는 종종 게임 화면이 멈추는 모습을 볼 수 있습니다. 선수들이 사용하는 장비에 이상이 있거나 경기 서버의 문제로 한 선수가 게임에서 튕겨나가는 등 원활한 진행이 어려울 때는 경기가 잠시 중단됩니다. 보통은 선수들의 마우스, 키보드, 헤드셋과 같은 개인 장비가 제대로 작동되지 않아

서일 때가 많습니다.

경기가 멈추어버린 이 순간, 가장 놀라는 사람은 누구일까요? 선수, 팬, 중계진, 감독, 코치도 깜짝 놀라지만 심판만큼 놀라는 사람은 없을 것입니다. 심판은 돌발 상황이 생겼을 때 등 뒤에 식은땀을 흘릴 정도로 긴장을 하게 됩니다. e스포츠에도 심판이 있냐고요? 물론입니다. 야구, 축구와 같이 e스포츠에도 심판이 있습니다.

리그 오브 레전드 경기를 예로 들면, 각 팀 다섯 명의 선수가 경기를 하고 있는 도중에 뒤에서 가만히 그들을 지켜보는 2명의 심판을 볼 수 있습니다. 심판은 선수들이 부정행위를 저지르지는 않는지, 스포츠 정신에 어긋나는 행등을 하지 않는지 경기가 진행되는 동안 날카로운 눈으로 감시합니다. 게임 중에 갑자기 버그가 발생하는 등 예상치 못한 일로 정상적인 경기 진행이 어려울 때, 문제점을 재빨리 확인하고 대처하는 것도 심판의 몫입니다.

2010년 1월 MBC게임 스타크래프트 리그 결승전에서는 경기장이 정전되는 황당한 사건이 일어납니다. 당대 최고의 라이벌이었던 이제동, 이영호 선수의 경기였기어 수많은 관중은 기대를 안고 경기장을 찾았습니다. 소문난 잔치에 먹을 게 없다는 속담이 무색할 정도로 치열한 공방전이 오고 갔습니다.

　팬들은 넋을 잃고 선수들의 경기에 몰입하고 있는데 갑자기 정전되면서 게임 화면이 꺼져버렸습니다. 팬들은 당황했고 이게 무슨 일인가 싶어 서로의 얼굴을 쳐다보며 웅성거렸습니다. 상황이 어느 정도 진정되고 난 다음 심판은 무대에 올라서서 이제동 선수의 우세승을 선언했습니다. 양 선수의 자원 상황, 경기의 흐름을 고려해 이제동 선수의 손을 들어준 것입니다.

　당시 경기 분위기는 이제동 선수가 유리하긴 했지만 반드시 이길 수 있는 게임이라고 말할 수는 없었습니다. 경기 중에 어떤 변수가 생길지 모르는 게 e스포츠이고 불리한 상황에서 전세가 뒤바뀌는 경기는 수없이 나오기 때문입니다. 이영호 선수, 감독, 코치는 격분했지만 한번 정해진 심판의 결정에 따를 수밖에 없었습니다. 평정심을 잃어버린 이영호 선수는 결국 다음 경기에서도 패배하고 준우승에 머무르고 맙니다. 이제동 선수는 우승을 차지했지만 마음 편하게 기뻐할 수 없었습니다.

　만약 심판이 재경기 판정을 내렸다면 반대로 이제동 선수가 정신적인 타격을 입었을 겁니다. 이제동 선수 입장에서는 다 잡은 경기라고 볼 수도 있는 상황이었기 때문입니다. 이 사건은 두고두고 회자가 되었지만 당시 심판의 판단은 어쩔 수 없는 결정이라는 의견이 많았습니다. 정해진 규정에 따른 결정이었고 어떠한 판정을 내리든 누군가는 피해를 볼 수밖에 없는 상황이었습니다. 심판의 판정에 대한 논란보다는 이런 일이 생기지 않도록 미연에 대비하는 게 더 중요할 것입니다. 불미스러운 일을 방지하기 위해 각종 e스포츠 리그에서는 돌발 상황에 대한 규정이 있고 심판은 이를 준수하며 리그 진행을 돕습니다.

심판의 다양한 역할

경기를 지켜보고 공정하게 운영하는 게 심판의 가장 중요한 역할이지만 본업 이외에도 다양한 업무를 수행합니다. 선수들이 장비를 세팅할 때 이에 관여하는 일, 경기의 승패를 기록하고 데이터를 정리하는 일도 중요합니다. 누구보다 먼저 경기장에 도착해 시스템을 점검하고 문제 요소가 될 만한 것은 없는지 살펴보는 일도 심판의 몫입니다. 게임에 대한 이해는 필수입니다. 게임에 어떤 버그 요소가 감추어져 있는지 알아야 하고, 경기 상황이 어떻게 흘러가고 있는지 알기 위해서는 해당 종목을 숙지하고 있어야 합니다. OGN 리그 오브 레전드 리그에서 활약하고 있는 4인의 심판은 모두 다이아 계급의 실력자입니다. 다른 종목들도 심판을 채용할 때, 게임 실력을 우선적으로 고려합니다.

심판은 경기 도중 화장실에 가고 싶어도 경기가 끝날 때까지 꾹 참아야 합니다. 경기석 내부가 협소하고 장비의 열기로 인해 땀범벅이 되어도 버텨야 합니다. 식사도 경기 시간을 피해 간단하게 해야 하는 것과 같이 고충이 많습니다. 선수들의 빛에 가려 잘 보이지 않지만 뒤에서 묵묵히 최선을 다하고 있는 심판들 덕분에 시청자는 마음 편하게 경기를 지켜볼 수 있습니다.

e스포츠를 두 배로 즐기는 팁이 있다

팬들이 e스포츠를 시청하는 이유에는
여러 가지가 있습니다. 선수들의 경기와
플레이를 감상하기 위해 e스포츠를
찾는 경우가 가장 많을 겁니다. 어떤
이는 잠이 오지 않을 때 e스포츠를
본다고 합니다. 웬만한 수면제
보다 효과가 좋아 금방 눈꺼풀
이 감긴다고 합니다. 마땅히 할
게 없을 때 e스포츠를 찾는 사람

히어로즈 오브 스톰 티리엘

도 있습니다. 식사를 하거나 외출하기 전에 준비하면서 경기
방송을 틀어놓습니다. 한번 봤던 경기임에도 불구하고 계속

해서 보는 사람도 있습니다. 마치 마법에 빠진 것처럼 e스포츠를 시청하다 보면 시간이 어떻게 지나가는지 모를 정도입니다.

이유가 어찌 됐든 기왕 e스포츠를 볼 거라면 조금 더 재미있게 즐길 수 있는 방법이 있으면 좋을 것입니다. 생각 없이 경기를 관람하는 것보다 게임의 요소 하나하나에 집중해서 경기를 바라보면 색다른 재미를 찾을 수 있습니다. e스포츠를 두 배로 즐기기 위한 몇 가지 방법을 소개합니다.

독수리의 눈으로 게임을 분석하라

일반적으로 한 경기에 소요되는 시간은 30분 내외입니다. 이 시간 동안 프로게이머들은 쉴 틈 없이 두뇌를 쓰면서 의사 결정을 하고 마우스와 키보드를 조작합니다. 이때 선수들의 입장에서 경기를 바라보면 색다른 재미를 느낄 수 있습니다. 프로게이머의 플레이에는 하나하나 이유가 있습니다. 플레이에 근거가 없다면 그 플레이는 좋은 플레이라고 할 수 없습니다. 정교한 컨트롤, 유닛의 이동 경로, 스킬을 사용하는 방법 등은 모두 계산된 근거에서 비롯됩니다. 선수들은 본인조차 인지하기 어려울 정도로 아주 짧은 시간 동안 동시다발적인 명령을 내립니다. 왜 선수들이 이 시점에서 이런 플레이를 했는지 곰곰이 생각하면서 경기를 지켜보면 한층 더 경기에 몰입할 수 있습니다.

해설자의 말을 비판적인 시선으로 보는 것도 재미를 더해 줍니다. 해설자는 누구보다 게임을 잘 알고 상황 판단도 명확하지만 해설자의 말이라고 해서 모두 정답이라고 할 수는 없습니다. 선수가 생각하는 것과 해설자가 생각하는 게 다를 때도 많고, 해설자도 사람인 만큼 실수하거나 오판하는 경우도 있습니다. 두 명의 해설자가 같은 상황에서 전혀 다른 결론을 도출하기도 합니다. 또 한 명의 해설자가 되어 자기만의 시선으로 경기를 바라본다면 e스포츠를 좀 더 즐겁게 시청할 수 있습니다.

주변 사람들과 게임 내용을 토론하라

경기가 끝나면 게임 내용에 대해 주변 사람들과 토론하는 시간을 가져봅시다. 이는 경기를 바라보는 시야를 확장시키고 정확하게 경기를 분석하고 예측할 수 있게 만들어줍니다. 책을 다 읽고 독서 토론을 하는 것처럼 경기에 대한 의견을 주고받는 것입니다. 한 권의 책에서도 셀 수 없이 많은 토론거리가 나옵니다. 사람마다 책을 읽은 느낌과 인상적이었던 대목이 다르기 때문입니다. 어떤 이는 전체 줄거리에 중점을 두고 책을 돌아보고, 어떤 이는 중요한 장면들을 떠올리며 책을 기억합니다. 독서 토론을 통해 다른 사람의 생각을 알고 식견을 넓힐 수 있습니다.

e스포츠도 마찬가지입니다. 보는 관점에 따라 수없이 다른 분석을 할 수 있습니다. 경기에서 가장 중요한 부분은 어디였는지, 왜 저 선수는 저렇게 할 수밖에 없었는지, 더 나은 플레이는 없었을지 생각해보고 토론할 수 있습니다. 토론할 상대를 직접 만날 필요는 없습니다. 각종 게임 커뮤니티에는 그날 있었던 경기의 리뷰가 올라옵니다. 댓글을 통해 의견을 쉽게 주고받을 수 있습니다. 열린 마음으로 사람들과 이야기를 나누다 보면 어느새 e스포츠에 흠뻑 빠져 있는 자신을 발견할 수 있습니다.

e스포츠 관람의 묘미, '직관'

e스포츠를 제대로 느끼기 위한 가장 좋은 방법은 경기장에 직접 찾아가는 것입니다. 집에서 시청하는 e스포츠와 경기장에서 관람하는 e스포츠에서 받는 느낌은 확연히 다릅니다. 경기장에서는 중계진의 목소리와 팬들의 함성을 좀 더 생생하게 들을 수 있습니다. 캐스터와 해설자의 힘 있는 중계는 보는 사람의 심장을 두근두근하게 만듭니다. 커다란 스크린으

로 경기를 지켜보면 마치 할리우드 액션 영화를 보는 듯한 착
각이 들기도 합니다.

　텔레비전으로는 볼 수 없는 모습들도 자세히 볼 스 있습니
다. 경기 분위기가 고조되었을 때 중계진의 얼굴과 팬들이 손
수 챙겨온 응원 문구들을 하나하나 살펴볼 수 있습니다. 선수
들이 경기 중에 어떤 표정을 짓는지, 경기 준비는 어떻게 하는
지 볼 수 있습니다. 그들과 호흡을 같이하면서 e스포츠라는
문화를 흠뻑 느낄 수 있습니다.

　한 가지 아쉬운 점은 e스포츠 전용 경기장이 서울에 밀집
해 있다는 것입니다. OGN e스타디움, 넥슨 아레나 등 경기장
은 모두 서울에 있습니다. 지방에 살고 있는 팬이 '직관'을 위
해서는 서울로 올라오는 수고를 해야 합니다. 그래드 e스포
츠를 좋아하는 팬이라면 꼭 한 번 경기장에 찾아가기를 추천
합니다. 시간을 내서 경기장을 찾는다면 완전히 색다른 e스
포츠의 맛을 느낄 수 있을 것입니다.

e스포츠를 즐길 수 있는 사이트는?

e스포츠에는 초심자부터 숙련자까지 즐길 수 있는 다양한 인터넷 사이트가 있습니다. e스포츠가 컴퓨터와 인터넷을 통해 발전한 만큼 마음만 먹으면 인터넷 곳곳에서 e스포츠를 체험할 수 있습니다. 초심자는 e스포츠를 배우기 위해, 숙련자는 자기가 알고 있는 정보를 타인과 교환하기 위해 사이트를 찾습니다. e스포츠를 알고자 하는 마음으로 인터넷 광장을 찾는 것으로도 자랑스럽게 e스포츠인이 되었다고 말할 수 있을 것입니다.

인벤(www.inven.co.kr): 다양한 정보를 볼 수 있는 곳

인벤은 e스포츠를 좋아하는 유저가 가장 많이 찾는 사이트

중의 하나입니다. 리그 오브 레전드 인벤, 스타크래프트2 인벤 등 e스포츠 종목마다 해당 종목의 사이트가 운영되고 있습니다. 유저들은 게임을 쉽게 즐길 수 있도록 공략을 게시합니다. 리그 오브 레전드 인벤을 예로 들면, 130개가 넘는 챔피언마다 플레이를 할 수 있는 다양한 방법에 대한 공략을 볼 수 있습니다. 이처럼 게임을 할 때 인벤의 힘을 빌리면 금방 고수의 길로 들어설 수 있습니다. e스포츠 종목 외에도 디아블로 인벤, 리니지 인벤 등 많은 인기 게임의 사이트가 개설되어 있습니다. 좋아하는 게임의 기초와 노하우를 배우고 싶다면 인벤에서 도움을 받을 수 있을 것입니다.

인벤은 해당 게임에 대한 구체적인 설명을 포함해 e스포츠 뉴스, 프로게이머 인터뷰, 게임 업계의 전반적인 이슈와 정책 방향을 게재하는 종합 게임 사이트로서 영향력을 점차 확대하고 있습니다.

아프리카TV(www.afreecatv.com), 트위치(www.twitch.tv):

프로게이머에게 과외를 받자

1인 미디어인 아프리카TV와 트위치에서는 고수들의 실제 경기 화면을 실시간으로 감상할 수 있습니다. 아마추어뿐 아니라 프로게이머도 대다수 개인 방송을 매개로 유저들과 소통합니다. 선수들이 직접 보여주는 플레이를 보고, 그 플레이에 담겨 있는 이면과 논리에 대해 설명을 듣다 보면 저절로 게임을 보는 시야가 넓어집니다.

예전에는 게임을 배우기 위해 고수가 있는 PC방을 찾아가서 어깨너머로 보고 배워야 했지만 이제는 모니터 너머로 쉽게 그들의 노하우를 흡수할 수 있습니다. 물론 눈으로 보는 것과 직접 손을 움직이며 플레이하는 것은 다르기에 본다고 다 따라 할 수는 없습니다. 경기마다 매번 똑같은 상황이 나오는 게 아니기 때문에 공식을 외우듯이 무작정 암기할 수도 없습니다. 그러나 선수들이 게임을 하는 모습을 보는 것만 해도 실력 향상에 도움이 될 것입니다. 오늘도 수많은 고수들은 개인 방송을 통해 유저들을 e스포츠의 세계로 초대하고 있습니다.

PGR21(www.pgr21.com): e스포츠 토론의 장

스타크래프트 프로게이머의 랭킹 정보를 제공하기 위해 개설된 PGR21은 심도 있는 e스포츠 담론을 즐길 수 있는 곳입니다. 2001년에 개설된 사이트로서 초기에는 e스포츠 관계자들과 팬들이 서로 견해를 주고받고 소통하는 창구 역할을 했으며 선수들이 직접 글을 남기고 주요 이슈에 대해 본인의 의견을 피력하기도 했습니다. e스포츠 관계자가 자주 찾는 사

이트이자 e스포츠의 깊숙한 부분까지 논의할 수 있는 대화의
광장입니다.

PGR21의 특징은 초성과 이모티콘을 사용할 수 없다는 점
입니다. 글을 게시하는 데도 다른 사이트보다 엄격한 기준이
적용됩니다. 이용자들은 글쓰기 버튼을 이렇게 누르기 어려
운 줄 몰랐다고 말하기도 합니다. 진중한 분위기 속에서 토론
이 이어지고 많은 사람들의 의견이 모여 서로 다른 관점을 공
유하는 장이 만들어집니다.

e스포츠와 게임에 대한 주제부터 정치, 사회, 문화, 예술, 예
능, 유머에 이르기까지 현실 세상을 폭넓게 논의할 수 있는 종
합 사이트로 발전하고 있습니다.

청와대가
임요환 선수를
초대한 이유

초등학생이 선호하는 직업 중에 상위권에 속하니 인식도 그만큼 좋을까요? 아마 프로게이머만큼 사회적 인식이 극과 극을 오가는 직업도 없을 겁니다. 10대나 20대에게는 경탄과 감탄을 불러일으키는 선망의 직업이지만 40대나 50대 이상에게는 안타까움과 탄식을 불러일으키는, 자녀가 피했으면 하는 직업 1순위일 것입니다.

프로게이머, 직업으로 인정받다

프로게이머가 우리 사회에 처음 소개된 지 어느덧 20년이 되었습니다. 이제 프로게이머라는 단어를 모르는 사람은 거의 없을 것입니다. 10대부터 40대까지 컴퓨터와 함께 자라온 세대뿐 아니라 흰머리 희끗한 중장년층들도 프로게이머라는 직업이 있다는 사실은 알고 있습니다. 그들의 자녀가 e스포츠와 프로게이머를 좋아하기 때문입니다.

히어로즈 오브 더 스톰 리치킹

2016년 교육부에서 실시한 '초등학생 희망직업 선호도 조

126

사'에 따르면 프로게이머는 선생님, 의사, 법조인, 과학자 등에 이어 10위에 선정되었습니다. 프로게이머가 전통적으로 인기가 많은 전문 직업과 어깨를 나란히 한 셈입니다. 2000년대 초중반 여러 설문 조사에서는 희망직업 1위로 선정되어 사회적으로 화제가 되었습니다. 프로게이머는 만 개가 넘는 직업 중에서도 꾸준하게 희망직업 상위권을 차지하고 있으며, 10대들이 선망하는 직업 중 하나가 되었습니다.

앞서 우리나라 제1호 프로게이머는 신주영 선수라고 밝혔습니다. 하지만 신주영 선수 혼자서 프로게이머라는 직업을 만들어내고 지금과 같은 사회적 인식을 구축한 것은 아닙니다. 스타크래프트 출시, PC방의 성장과 함께 전국에는 수많은 오프라인 대회가 개최된 것이 바탕이 되었습니다. 사람들은 각종 대회를 찾아다니며 상금 사냥에 나섰습니다. 지방에서 서울로 가기도 하고 서울에서 지방으로 오기도 했습니다.

분위기가 무르익자 상금이 100만 원에서 만 원 단위로 올라가는 대회도 생겼습니다. 미래의 프로게이머들은 서서히 '좋아하는 게임만 해도 먹고 살 수 있겠다'라는 생각을 하게 되었습니다. 사람들이 점점 더 모여들었고 이들 중에서 발군의 실력을 자랑하는 사람들은 정말 대회 상금만으로 하루하루를 보낼 수 있게 되었습니다. 이들은 이렇게 상금 사냥꾼에서 프로게이머가 되었습니다.

사회의 시선은 곱지 않았습니다. 프로게이머가 되기 위해 학업을 포기하는 학생들이 늘어났습니다. 대학에 진학하지 않는 것은 물론이고 중고등학교를 자퇴하고 험난한 e스포츠 전선에 뛰어드는 학생들도 있었습니다. 부모의 입장에서 생각하면 기가 찰 노릇이었을 것입니다. 자녀가 어느 순간 컴퓨터 게임에 빠지더니 하라는 공부는 하지 않고 도리어 공부를 그만두겠다고 선언하는 셈이기 때문입니다. 프로게이머를 지망하는 사람이라면 누구나 겪어야 할 첫 관문이 부모님을 설득하는 일이었습니다. 하지만 프로게이머가 되겠다고 학교를 그만두고 서울로 상경하는 학생들 중에서 프로게이머로 성공하는 사람은 많지 않았습니다.

환경도 열악했습니다. 후원해주는 사람이 없으니 입고, 먹고, 자는 것도 스스로 해결해야 했습니다. 선수들은 PC방에서 컵라면으로 끼니를 때우며 연습하다가 잠이 오면 그 자리에서 엎드려 잠을 잤습니다. 간이침대에서 몸을 오므린 채 새우잠을 자기도 했습니다. 침대의 수가 넉넉하지 않으면 순서를 정해 번갈아가면서 잠을 청했습니다. 1세대 프로게이머들은 이런 환경에서 시장을 개척하며 게임을 했습니다. 그들은 게임을 통해 자신을 표현하고 일상생활을 영위하는 꿈을 품었습니다. 지금은 기억 속에서 사라진 그들의 고생 덕분에 후배 프로게이머들은 좀 더 나은 환경에서 게임을 할 수 있게 되었습니다.

게임 방송은 프로게이머가 사회에 자리를 잡을 수 있도록 도와주었습니다. 온게임넷(현재의 OGN), 겜비씨(MBC게임), ITV 외에 각종 지역 방송에서 게임을 생중계하기 시작했고 전국의 가정에서는 선수들의 경기를 볼 수 있게 되었습니다. 게임을 좋아하는 시청자들은 프로게이머의 환상적인 플레이에 환호했고, 조금씩 프로게이머라는 생소한 직업을 받아들이고 인정하기 시작했습니다. 이러한 인식은 사회 전반에 퍼져 10대나 20대뿐 아니라 기성세대에게도 프로게이머라는 직업이 알려졌습니다.

모든 직업에는 사회적인 인식이 있습니다. 우리는 자라면서 직접적이든 간접적이든 어떤 직업이 좋은 직업이고 나쁜 직업인지 교육을 받고 학습합니다. 의사, 판사, 검사 등 흔히 말하는 전문 직종은 평판이 좋고 대부분 선망하는 직업입니다. 모임에 나가서 "나는 대한민국 검사입니다"라고 이야기하면 주위 사람들의 시선이 달라질 것입니다. 직업에 귀천이 없다고 하지만 직업에 따른 선입견을 없애기 위해서는 아직 많은 시간과 노력이 필요합니다.

직업으로서 프로게이머에 대한 인식은?

직업으로서 프로게이머에 대한 인식은 어떨까요? 초등학생이 선호하는 직업 중에 상위권에 속하니 인식도 그만큼 좋을까요? 아마 프로게이머만큼 사회적 인식이 극과 극을 오가는 직업도 없을 겁니다. 10대나 20대에게는 경탄과 감탄을 불러일으키는 선망의 직업이지만 40대나 50대 이상에게는 안타까움과 탄식을 불러일으키는, 자녀가 피했으면 하는 직업 1순위일 것입니다.

아프리카 프릭스 소속 이다윤 선수는 "우리나라에서는 어디에 가서 프로게이머라고 밝히기가 조금 부담스럽다. 직업으로 존중해주는 것을 잘 느끼지 못한다"라고 말했습니다. 특히 기성세대에게 프로게이머라는 직업은 긍정적인 느낌보다 부정적인 느낌을 더 많이 주는 게 현실입니다.

그러나 프로게이머의 인식은 점점 나아질 것입니다. 게임에 대한 주변의 관심과 정부의 정책을 보면 가늠할 수 있습니다. 대기업들이 프로게임단을 운영하며 e스포츠와 프로게이머를 지원합니다. 게임단을 운영하지는 않지만 리그의 스폰서로서 투자를 아끼지 않는 기업들도 있습니다. 정부는 게임 정책에 대해 진중한 고민을 하고 있습니다. 문화체육관광부는 게임 산업을 어떻게 활성화하고 육성할지 검토하고, 여러

산하 기관에서 게임과 e스포츠를 연구하고 있습니다. e스포츠는 이제 우리나라와 세계를 대표하는 자랑스러운 문화 산업이 되었습니다. 이는 게임 업계에 종사하는 사람들, 특히 프로게이머에게 긍정적인 인식을 심어줍니다.

예전에는 프로게이머들이 해외 경기에 참여하기 위해 공항에서 입국 심사를 받을 때 본인의 직업을 설명하기가 쉽지 않았고, 설명한다 해도 입국 심사관이 제대로 이해하지 못했습니다. 선수들은 입국 심사 카드에 있는 직업란에 프로게이머 대신 프리랜서나 학생이라고 기재해야 했습니다. 하지만 지금은 프로게이머로서 경기에 참여하러 왔다고 하면 입국 심사관이 대단한 일을 하는 사람이라고 칭찬하며 유명 인사를 대하듯이 곧바로 통과시킵니다.

향후에는 프로게이머가 자기의 직업을 밝히는 데 주저할 필요가 없는 날이 올 것입니다. 오히려 프로게이머라고 당당하게 내세울 수 있는 날이 올지도 모릅니다. 처음 프로게이머가 생겼을 때와 지금을 비교하면 인식이 확연히 나아지고 있다는 게 느껴집니다. 프로게이머는 아직 20년밖에 되지 않은 짧은 역사를 가졌지만 점차 호의적인 느낌을 주는 직업이 될 것입니다. 앞으로도 프로게이머가 좀 더 널리 알려지고 사회에 긍정적인 이미지를 주는 직업으로 발전하기를 바라봅니다.

공중파 방송에 출연한 프로게이머

프로게이머라는 직업이 생겨나고, 경기를 생중계하는 방송이 있었지만 케이블 방송에 한정되었습니다. 젊은 세대의 새로운 문화인 e스포츠에 열광하는 사람들이 있는 반면, 그들만의 리그라며 폄하하는 사람들도 있었습니다. 일부 언론과 기성세대들은 프로게이머를 게임 중독자라고 비하했고, e스포츠에 대한 인식은 좋지 않았습니다. 성공한 극소수의 프로게이머가 학생들에게 공부 대신 게임을 하도록 유도한다는 의견도 있었습니다. 1세대 프로게이머들은 e스포츠에 대한 인식을 긍정적으로 바꾸기 위해 많은 노력을 했습니다. 각종 매체에 인터뷰를 하거나 직접 방송에 출현해 e스포츠와 프로게이머를 알렸습니다.

언제부터 게임이 이렇게 대중적인 문화가 되었는지 궁금할 정도로 게임은 우리 일상에 갑작스럽고 빠르게 다가왔습니다. 네이버, 다음과 같은 포털 사이트의 스포츠란에는 e스포츠 항목이 별도로 개설되어 있습니다. 그날 벌어지는 경기 결과가 실시간으로 올라옵니다. 프로게이머의 인터뷰와 하이라이트 영상이 게재되고 다음 경기 일정도 공지됩니다. 축구, 야구, 농구, 배구 등과 같은 인기 스포츠와 비슷합니다.

프로게이머 출신 배우와 예능인이 탄생하기도 했습니다. 그들은 프로게이머 경력을 숨기지 않고 종횡무진으로 활동 영역을 넓힙니다. 자신 있게 프로게이머 경험에 대해 밝히고 이를 자신의 캐릭터를 만드는 데 활용합니다. 대중은 새로운 도전을 시작하는 그들에게 격려와 응원을 아끼지 않습니다.

e스포츠가 서서히 자리를 잡기 시작했을 때는 이러한 인식 변화를 상상할 수 없었습니다. 리그가 시작되고 선수들이 연봉을 받으며 일반 스포츠 선수들과 비슷한 대우를 받았지만 인식은 나아지지 않았습니다. 이런 분위기 속에 게임에 대한 긍정적인 이미지를 만드는 데 큰 기여를 한 사건이 있었습니다. 프로게이머 임요환 선수의 공중파 방송 출연입니다. 임요환 선수는 2003년 KBS 교양 프로그램에 출연하면서 e스포츠와 프로게이머를 대중에게 알렸습니다.

이윤열 ⓒ altostratus

아직 프로게이머라는 직업이 널리 알려지지 않았기에 방송에서는 프로게이머와 게임 중독자를 동일 선상에 둔 채로 질문이 이어졌습니다. 임요환 선수는 무례한 질문에도 개의치 않고 대답을 이어갔습니다. e스포츠 팬들은 이에 분개하고 해당 프로그램의 게시판에 항의 글을 올리기도 했습니다. 방송의 내용을 떠나서 공중파 방송에서 e스포츠에 관심을 가지고 e스포츠와 프로게이머를 소개하는 것은 당시 획기적인 일이었습니다. 게임을 대중문화의 영역으로 한 발자국 크게 내딛게 한 일이라고 생각합니다.

임요환 선수의 방송 출연과 더불어 공중파 방송에 모습을 드러내는 프로게이머들이 늘어났습니다. 홍진호, 이윤열 등 당대 최고의 선수들은 여러 매체에 얼굴을 비추며 e스포츠의 대중화에 앞장섰습니다. 프로게이머들은 9시 스포츠 뉴스에 심심치 않게 등장했고 그들의 생활이 다큐멘터리로 제작되었습니다.

그들의 노력들이 모여 지금의 e스포츠 환경이 구축되었습

134

니다. 이제 e스포츠는 그들만의 리그에서 하나의 거대한 산업으로 커졌습니다. 100미터 달리기를 하는 육상 선수처럼 e스포츠는 가파르게 성장했습니다. 지금부터가 더 중요합니다. 앞으로 자라나는 새로운 세대들을 위해 좀 더 건전하고 건강한 e스포츠 문화를 만들어주어야 합니다. e스프츠에 익숙한 세대가 새로운 기성세대로 나아가고 있는 지금 이 순간, 우리가 할 수 있는 일이 무엇인지 고민해야 할 시점입니다.

대기업, 게임단을 운영하다

프로 스포츠 선수들에게는 선수의 이름을 말하기 전에 반드시 따라오는 대명사가 있습니다. 바로 그 선수가 소속되어 있는 팀 혹은 후원 기업입니다. 레알 마드리드의 호나우두, 바르셀로나의 메시처럼 선수들은 소속 팀에서 경기를 준비하고 계약에 따라 연봉을 받습니다. 대부분의 스포츠는 팀 단위로 이루어지기 때문에 소속 팀이 없으면 경기에 참여할 수 없습니다. 호나우두가 아무리 축구를 잘한다고 해도 1대11로 경기를 치를 수는 없습니다. 혼자서 11명을 이길 수도 없고, 이길 수 있다고 한들 규정이 허락하지 않습니다. 경기에 참여하려면 본인을 포함해서 11명을 모아야 하고 11명과 함께 축구를 하기 위해 반드시 팀이 필요합니다.

　e스포츠는 개인전이 기본이었던 스타크래프트부터 단체전이 기본인 리그 오브 레전드, 오버워치까지 여러 팀들이 생겼습니다. 아마추어 클럽 같은 규모가 작은 게임단부터 대기업에서 운영하는 게임단까지 수많은 팀이 존재합니다. 시청자의 뇌리에 박히는 팀이 있는 반면 잠깐 나왔다가 기억에서 사라지는 팀도 있습니다.

　e스포츠가 걸음마 단계일 때부터 안정된 공간어서 먹고 자면서 편안하게 연습하는 것은 모든 선수들이 바랐던 숙원 사업이었습니다. 처음에는 연봉은 바라지도 않았고, 받을 수 있는 여건이 준비되어 있지도 않았습니다. 그저 두 발 쭉 뻗고 안락하게 쉴 수 있는 숙소와 24시간 편하게 게임을 할 수 있는 연습실만 있어도 감개무량했습니다.

　그런 그들에게 기회가 다가왔습니다. e스포츠의 성장과 더불어 e스포츠의 홍보 가치를 알아보았던 기업들이 생겨난 것입니다. 기업들의 후원을 받기 위해 동분서주했던 감독들의 노력이 빛을 발했습니다. 선수들이 번 상금을 생활비로 분담하고 빚을 내며 운영하던 팀은 기업과 계약을 통해 안정적인 연습 환경과 더불어 연봉까지 받을 수 있게 되었습니다.

　우리나라 e스포츠 최초의 공식 게임단을 창단한 기업은 한빛소프트입니다. 한빛소프트는 스타크래프트 유통을 인연으로 여러 가지 온라인 게임을 제작하고 배포한 게임 회사입니다. 이전에도 게임 팀을 후원하는 기업이 있었지만 연습 환경, 연봉, 기타 지원까지 생각했을 때 프로게이머를 프로답게 대우한 것은 한빛소프트가 처음이었습니다.

한빛소프트는 e스포츠와 스타크래프트를 활성화하는 데 기여하고자 게임단을 창단했습니다. 주전 선수들은 계약을 맺으며 연봉 협상을 진행했고 오피스텔에 연습을 위한 컴퓨터와 침대가 구비되었습니다. 여러 명이 함께 합숙하기에는 좁은 숙소였고 아늑한 공간은 아니었지만 선수들은 안정적인 환경에 만족했고, 이는 다른 게임단이 창단하는 데 큰 영향을 주었습니다. 한빛소프트를 시작으로 많은 기업들이 프로게임단을 창단했고 선수들은 자신을 어떤 팀의 누구라고 소개할 수 있게 되었습니다.

모든 프로게이머들이 계약을 맺고 연봉을 받을 수 있었던 것은 아니었습니다. 스타크래프트 선수에게만 해당되었고, 방송 경기에서 뛰어난 성적을 보여주어 인지도가 높은 소수의 프로게이머에게만 연봉 계약의 기회가 돌아왔습니다. 그들 뒤에서 그들처럼 되기 위해 연습 상대를 자청하던 많은 프로게이머와 연습생들에게는 연봉 계약이란 꿈같은 일이었습니다. 하지만 처음부터 모든 게 완벽하게 이루어질 수는 없는 법입니다. 선두에 달려가고 있는 선수들이 먼저 길을 개척하면 뒤에 따라오는 사람들에게도 혜택이 주어집니다. e스포츠가 발전해온 자취를 살펴보면 새로운 스포츠와 문화 산업이 어떻게 발전하는지 짐작해볼 수 있습니다.

상황이 나아졌지만 아직 부족한 부분이 많았습니다. 많은 팀들이 후원 기업을 구하지 못해 발을 동동 구르고 있었습니다. 대기업에서 게임단 창단을 검토하고 있다는 소문이 돌았지만 소문으로 끝나는 경우도 많았습니다. 대기업에서 적극적으로 나서지 않다 보니 다른 스포츠와 비교하면 후원의 폭이 한정적이었습니다. 이런 분위기 속에 e스포츠 업계 종사자 모두를 깜짝 놀라게 하는, 앞으로 e스포츠 판도에 커다란 변화를 주는 일이 생겼습니다.

SK텔레콤의 게임단 창단

우리나라 최대 통신 기업인 SK텔레콤의 게임단 창단 소식이었습니다. 2004년 4월 13일, SK텔레콤은 T1이라는 팀 명칭으로 게임단을 창단했습니다. SK텔레콤 T1은 지금까지도 계속 게임단을 운영하고 있으며 모든 선수들이 가장 들어가고 싶어 하는 게임단 중 하나입니다. SK텔레콤은 선수들에게 최고의 대우를 보장하며 정상급 선수를 영입했습니다. 창단 멤버

SK텔레콤 T1 선수들 ⓒ artubr

인 임요환, 최연성, 박용욱 선수부터 정명훈, 김택용 선수, 리그 오브 레전드의 아이콘 이상혁 선수까지, 항상 당대 최고의 선수를 보유했고 최강의 팀이라는 이미지를 심어주었습니다.

SK텔레콤에서 게임단을 창단한다는 소식을 들었을 때 놀랐던 이유는 단순히 대기업이기 때문만은 아니었습니다. SK텔레콤 이전에도 삼성, KTF(지금의 KT)가 게임단을 운영했습니다. 하지만 다른 스포츠를 지원하는 것처럼 게임단을 지원하지는 않았습니다. 반면 SK텔레콤은 다른 스포츠 선수들 못지않게 최고의 대우를 약속했습니다. 일부 선수들은 순수 연봉만으로도 억대 수입을 벌었습니다. 연습실과 숙소는 분리되었고, 식사, 청소, 빨래와 같은 일상생활에서 챙겨야 할 부분을 도맡아주는 사람까지 생겼습니다. 이전까지만 해도 팀의 막내가 식사를 준비하고, 설거지를 하고, 세탁기에 직접 옷가지를 넣고 빨래를 널었습니다. 이제 선수들은 일정한 수입을 받으며 오롯이 게임에 집중할 수 있는 환경을 보장받았습니다. 프로게이머 모두가 바랐던 꿈이 드디어 현실이 된 것입니다.

SK텔레콤의 라이벌 격인 KTF도 덩달아 지원을 확대했습니다. 기업들의 경쟁에 힘입어 프로게이머에 대한 처우는 나날이 좋아졌습니다. e스포츠에서도 삼성 대 SK, SK 대 KTF와 같은 경기를 언제든지 볼 수 있게 되었습니다. 스타크래프트 프로리그는 종료되었지만 리그 오브 레전드에서 이러한 판도는 계속 이어지고 있습니다. SK텔레콤과 KT의 경기는 모든 관계자들의 이목이 집중되며 경기장은 팬들로 가득 찹니다. 선수들은 기분 좋게 경기에 임하고 팬들은 그러한 선수들을 바라보며 응원을 아끼지 않습니다. 현재 SK와 KT를 포함해서 삼성, 진에어, 아프리카TV 등 여러 기업에서 꾸준히 게임단을 지원하고 있습니다. 유니폼, 게이밍 장비를 지원해주는 서브 스폰서까지 포함하면 지원 기업은 예전에 비해 훨씬 많아졌습니다. e스포츠 시장이 더욱 성장해 모든 선수들이 넉넉한 지원을 받을 수 있는 날이 머지않았습니다.

청와대가
임요환 선수를 초대한 이유

e스포츠를 대중에게 알린 사람들은 많습니다. 제1호 프로게이머 신주영 선수부터 지금도 연습에 매진 중인 프로게이머들, 게임 캐스터들, 해설자들, 게임 전문 기자들, 한국e스포츠협회 임직원들 그리고 e스포츠를 좋아하는 팬들까지 많은 구성원들이 여러 경로를 통해 e스포츠의 매력을 전파했습니다. 프로게이머는 멋진 경기력으로, 리그를 주최하는 게임사와 방송국은 깔끔한 운영과 관객을 배려하는 시스템으로, 팬들은 선수를 응원하는 마음으로 e스포츠에 힘을 실어주었습니다.

e스포츠를 위해 힘쓴 사람들 중에 가장 큰 영향을 준 사람을 한 명만 꼽으라고 하면 열이면 열 모두 이 사람을 지목할 것입니다. 바로 테란의 황제 임요환 선수입니다. 임요환 선수는

142

잘생긴 외모와 게임 실력, 기발한 전략, 승부욕, 자기 관리로 정상에 올라선 최고의 선수입니다. e스포츠를 모르는 사람이라도 임요환 이름 석 자는 알 정도로 인기가 많았습니다. 현재 최고의 전성기를 누리고 있는 SK텔레콤 이상혁 선수와 어깨를 나란

노무현 대통령과 임요환 선수

히 할 수 있는 유일한 선수라고 생각합니다.

임요환 선수는 e스포츠의 아이콘으로서 게임 외적으로 다양한 활동을 했습니다. 단 한 경기를 준비할 때도 모든 경우의 수를 다 고려하는 연습 벌레이자 연습을 거듭할수록 자신감을 가지는 타입이었습니다. 본인은 가능한 한 대회 준비에 집중하려 했지만 임요환 선수를 찾는 곳이 많았고, 한 분야를 대표하는 사람으로서 참석해야 하는 자리가 많았습니다. 각종 방송과 라디오 프로그램에 출연했고, 이벤트 경기와 사인회 일정을 소화했습니다. 동시에 대회 준비는 소홀히 할 수 없으니 스트레스가 이만저만이 아니었을 겁니다.

몸이 열 개라도 부족한 임요환 선수이지만 절대로 빠질 수 없는 자리가 있었습니다. 대한민국의 중심, 청와대의 부름이었습니다. 2003년, 청와대에서 참여정부 문화 산업 정책 비전 보고의 일환으로 각 분야의 명사를 초대해 만찬을 가졌습니다. 임요환 선수는 프로게이머를 대표해 대통령에게 e스포츠가 무엇인지 알릴 수 있는 기회를 얻었습니다. 다른 사람들은 모두 정장이나 깔끔한 기성복을 입었지만 임요환 선수는 경기 중에 입는 유니폼을 입고 대통령을 예방했습니다. e스포츠를 대표하는 사람으로서 e스포츠를 대통령에게 알리고자 하는 마음이었습니다. 임요환 선수는 "유니폼이 다른 어떤 옷보다 나를 잘 표현해주는 것 같다"고 술회했습니다.

이 일은 프로게이머들 사이에서도 회자가 되었습니다. 아무리 그래도 대통령을 만나는데 유니폼은 아니지 않느냐는 의견도 있었지만 좋게 생각하는 선수들도 많았습니다. 임요환 선수도 어떤 옷을 입고 갈지 얼마나 많은 고민을 했을까요? 본인보다 e스포츠를 먼저 생각한 마음이 그런 용기를 내게 만들지 않았을까요? 임요환 선수는 프로게이머가 어떤 마음가짐을 지녀야 하는지 행동으로 보여주었습니다.

광안리, 10만 관객 전설이 만들어지다

e스포츠 경기는 e스포츠 전용 경기장에서 진행됩니다. 경기장에는 선수들이 경기를 치를 수 있도록 PC, 모니터, 의자, 방음 장치, 대형 스크린 등이 준비되어 있습니다. 선수들은 몇 평 되지 않는 작은 공간에서 전 세계를 무대로 경기를 펼칩니다. 간혹 온라인을 통해 경기가 진행되기도 하지만 공식 경기는 오프라인으로 진행되는 경우가 대부분입니다.

e스포츠 초창기에는 방송국 스튜디오에서 경기가 진행되었습니다. 스튜디오 내부 공간이 좁고 관람객을 허용하지 않았기 때문에 팬들은 경기를 보기 위해 텔레비전을 켤 수밖에 없었습니다. 2000년대 초반에 들어서 서울 코엑스에 e스포츠 경기장이 개설되었습니다. 팬들은 선수들의 경기를 직접

보기 위해 경기장을 찾았습니다. 코엑스에는 영화관, 카페, 서점, 레스토랑 등 다양한 문화 시설이 있었기에 e스포츠도 즐기고 다른 여가 활동을 하기에도 최적의 장소였습니다. e스포츠를 전혀 모르는 사람들도 호기심에 경기장을 찾아올 수 있었습니다.

시간이 흐르면서 용산, 강남, 상암 등 경기장의 규모는 점점 커졌고 환경도 좀 더 깔끔해졌습니다. 수백 명이 경기를 관람할 수 있는 공간과 의자가 생겼고, 대형 스크린은 관중의 눈을 사로잡습니다.

e스포츠는 항상 정해진 경기장에서 진행되었지만 종종 특설 무대에서 진행되기도 합니다. 각 리그의 결승전이나 올스타전, 이벤트성 경기는 좀 더 많은 사람들이 관람할 수 있도록 체육관이나 야외 무대에서 진행됩니다. 가장 인기가 높은 것은 리그의 결승전입니다. 프로야구 한국시리즈, 프로 농구 챔피언 결정전이 팬들로 가득 차는 것처럼 e스포츠 결승전은 항상 게임 팬으로 북적입니다. 게임 캐릭터로 분장하는 코스프레, 각종 응원 도구들도 결승전의 분위기를 무르익게 합니다. e스포츠를 좋아하는 사람들에게 리그의 결승전은 축제와 마찬가지입니다.

e스포츠의 성장에 따라 결승전이 열리는 장소는 점차 커졌

습니다. 처음에는 결승전도 방송국 스튜디오에서 조용히 진행되었습니다. 이후 대강당, 장충 체육관, 대학교 운동장, 올림픽체조경기장, 야구 경기장까지 규모가 확장되었습니다. 그러다가 방점을 찍은 것은 부산 광안리 해수욕장입니다.

광안리 해수욕장, e스포츠의 성지

광안리 해수욕장은 e스포츠의 성지와 같은 곳입니다. 2004년 스타크래프트 프로리그 결승전이 열린 이후로 한동안 매년 광안리에서 프로리그 결승전이 진행되었습니다. 〈스포츠조선〉의 기사에 따르면, 2004년 첫 프로리그 결승전에는 무려 10만 명의 관객이 결승전을 관람하기 위해 광안리를 찾았다고 보도했습니다. 같은 날 사직야구장에서 벌어진 프로야구 올스타전은 관객 수를 다 채우지 못했습니다. 국민 스포츠인 프로야구와 스타크래프트 프로리그 결승전의 관객 수가 대비되면서 e스포츠의 무서운 성장 잠재력이 드러나는 순간이었습니다.

당시 필자는 운 좋게 결승전 무대에 올라섰고 승리도 거두었습니다. 7선 4선승 경기에서 2대3으로 지고 있었고 한 경기만 더 지면 팀이 패배하는 상황이었습니다. 야외에서 게임을 하는 것이 처음은 아니었지만 이렇게 큰 무대에서 경기를 하리라고는 생각조차 못했습니다. 워낙 긴장했기 때문에 경기석에 들어선 순간부터 게임이 끝날 때까지의 기억이 아직도 생생하게 남아 있습니다. 자리에 앉은 뒤에 고개를 살짝 들어 바라본 바깥 풍경은 사람들로 가득한 지평선과 같았습니다. 관객이 너무 많은 나머지 끝이 어디인지 구분이 가지 않을 정도였습니다. 이날은 저에게는 잊을 수 없는 각별한 추억이 되었고, e스포츠의 역사에서도 기념할 만한 하루가 되었습니다. 10만 관중이 외친 함성은 광안리를 넘어 전국을 e스포츠로 들썩이게 만들었습니다.

이후 매년 여름만 되면 광안리에서는 연례행사처럼 스타크래프트 프로리그 결승전이 열렸습니다. 항상 많은 관중이 찾았고 새로운 역사가 만들어졌습니다. 많은 팀들이 우승컵을 들어 올렸고 눈물을 흘리며 서로를 부둥켜안았습니다. 광안리는 e스포츠를 상징하는 하나의 장소가 되었습니다.

영원할 것만 같았던 스타크래프트 프로리그가 막을 내리고, 현재는 광안리에서 더 이상 결승전이 열리지 않고 있습니다. 언젠가 열리게 될 새로운 축제를 위해 잠시 숨을 고르는 것이기를 바랍니다. 10만 관객의 신화를 뛰어넘어 새로운 전설이 만들어질 그날을 기대해봅니다.

군대에 게임 특기병이 있다?

대한민국에서 태어나고 자란 성인 남자라면 누구나 거쳐야만 하는 곳이 있습니다. 바로 군대입니다. 헌법에 명시된 것처럼 우리나라 남성은 국방의 의무를 져야 합니다. 해군에 복무하는 병사는 영해를 수호하고, 전방에 근무하는 육군 사병은 눈이 펑펑 내리는 깊은 산속에서도 경계를 늦추지 않습니다. 의무경찰은 집회에서 시민들을 보호하기 위해 교통을 통제하고 과격한 시위를 억제합니다. 우리는 척박한 환경에서 고생하는 국군 장병들 덕분에 두 다리를 편하게 뻗고 잠을 청할 수 있습니다.

우리가 흔히 생각하는 군인의 생활과는 조금 다르게 군 복무를 하는 병사들도 있습니다. 연예 사병은 국방부에 소속되어 군대를 홍보하고 병사들의 사기를 진작하는 역할을 수행합니다. 카투사는 미군이 원활한 활동을 전개할 수 있도록 보조합니다. 공익근무요원은 관공서, 지하철역 등에서 시민을 보호하고 민원을 해결합니다.

e스포츠 이야기를 하다가 왜 갑자기 군대 이야기를 하는지 궁금한가요? 군대 이야기를 꺼낸 이유는 e스포츠 특기병을 소개하기 위해서입니다. 대한민국 군대에 e스포츠를 위한 부대가 있다고 하면 믿겨지나요? 지금은 비록 해체됐지만 2006년부터 2014년까지 많은 프로게이머들이 e스포츠 특기병으로서 군 복무를 했습니다. 다른 스포츠의 '상무'와 유사합니다. 프로 축구 선수가 군대에 복무하면서 상무 소속으로 경기에 참여하듯이 프로게이머도 군대에 복무하면서 e스포츠 대회에 참여할 수 있었습니다.

프로게이머에게 군 입대란 은퇴와 동의어였습니다. 며칠만 연습을 걸러도 게임 감각이 떨어지는 게 프로게이머입니다. 요리사가 좋은 요리를 만들기 위해 오랜 시간 동안 칼을 갈듯이 선수들은 좋은 경기를 보여주기 위해 매일 연습을 합니다. 군 복무를 하는 기간에는 연습을 제대로 할 수 없기 때문에 기량이 바닥으로 내려갑니다. 줄어든 기량을 다시 끌어올리기 위해서는 몇 곱절의 노력이 필요합니다. 새롭게 변화한 트렌드를 쫓아야 하고 그사이 발전한 선수들을 따라잡아야 합니다. 군 복무를 마치고 선수 복귀를 선언한 선수들이 많았지만 그들 중에 예전의 명성을 되찾은 경우는 거의 없었습니다. 선수들은 이를 잘 알기에 군 입대를 최대한 미루고 선수 생활을 지속하려고 하는 경향이 있습니다.

그런데 군대에서 게임을 할 수 있다면 이야기는 180도 달라집니다. 군 복무를 마쳤는데도 기량이 유지된다면 제대 후에도 선수 생활을 이어갈 수 있습니다. 2005년에 들어서서 군대에 e스포츠 특기병이 생길 거라는 이야기가 들렸습니다. 선수들은 반신반의했지만 기대를 품지 않는 선수는 없었습니다.

공군 e스포츠 게임단

마침 제가 군 입대를 고려하고 있는 시점에 공군 e스포츠 게임단 창설이 결정되었습니다. 2005년 겨울, 프로게이머를 그만두고 육군에 입대하려고 하는 찰나에 대한민국 공군에서 e스포츠 병사를 모집한다는 소식을 들었습니다. 만약 합격하면 국방의 의무를 다하면서 프로리그에 계속 참여할 수 있었습니다. 군 복무를 하면서 게임을 계속할 수 있다는 점에 매력을 느껴서 육군 입대를 취소하고 공군에 지원했습니다.

생각보다 지원자는 많지 않았습니다. 한 기수에서 총 3명을 뽑았는데 7명이 지원을 했습니다. 간단한 체력 검사와 면접이 이어졌고 이내 합격 통보를 받았습니다.

입대 후 진주 훈련소에서 6주간의 훈련을 마치고 충남 계룡 시에 있는 공군 본부 중앙전산소에 배속되었습니다. 함께 입대한 강도경, 최인규 선수와 함께 일반 병사들과 생활하며 게임단의 기틀을 세웠습니다. 일과 시간에는 창단을 준비하고, 일과 시간이 지나면 각자의 생활관으로 돌아갔습니다. 선후임 병사들과 시간을 보내며 생활관, 화장실 청소를 하고 점호 준비를 했습니다. 프로게이머 출신이라고 봐주는 일은 없었습니다. 잘못하거나 실수한 일에는 조금 과하다 싶을 정도로 꾸중을 들었습니다. 시간이 지나고 병장이 되었을 때, 선임 병사는 처음에 군기를 잘 잡아야 한다는 지침이 있어서 어쩔 수 없었다고 웃으며 이야기했습니다.

아무것도 준비되어 있지 않은 환경에서 게임단 창단을 준비하는 일은 녹록치 않았습니다. 사회와 다르게 군대라는 조직의 한계도 많았습니다. 군대에서는 기본적인 장비 하나도 지원받기 쉽지 않았습니다. 사무실에 컴퓨터가 없어서 한동안 멍하니 있던 날도 있었고 e스포츠 관계자에게 도움을 요청해야 하는 일도 많았습니다. 비록 사회에 있는 프로게임단

과 비교하면 지원도 부족하고 선수 스스로 부담해야 하는 일
들이 많았지만 새로운 환경을 개척하고 창단을 준비하는 일
은 무엇보다 즐거운 일이었습니다.

공군 에이스 창단일, 그날의 하루

대한민국 공군 프로게임단 창단 준비는 차근차근 진행되었습니다. 임요환, 성학승 선수가 차례대로 입대했고 뒤이어 입대를 기다리는 선수들도 있었습니다. 사회에서 한솥밥을 먹던 동료들이 후임으로 들어왔지만 사회에서처럼 형, 동생하며 편하게 대하지는 않았습니다. 임요환 선수는 프로게이머 선배이고 나이도 많았지만 필자는 복무규율에 따라 반말을 했고 후임 병사로 대했습니다. 임요환 선수도 이를 이해하고 나이 어린 후배 프로게이머를 선임으로 대해주었습니다. 지금도 미안하면서도 고맙게 생각하고 있습니다.

대한민국 공군 프로게임단의 명칭은 공군 에이스로 정해졌습니다. 에이스(ACE)는 Airforce Challenges E-sports의

약자입니다. 공군이 e스포츠에 도전한다는 뜻과 함께 전시
상황에서 최고의 전투기 조종사에게 붙여지는 것을 상징하기
도 합니다. 에이스다운 멋진 활약을 보여달라는 최고의 명칭
이었습니다. 게임단 명칭을 정하기 위해 장교와 병사들의 의
견을 수렴했습니다. 공군스타즈, 공군윙스 등 여러 가지 재미
있는 명칭들이 후보로 거론되었습니다. 최종적으로는 공군
에이스로 팀 명칭을 확정하고 팀을 상징하는 로고와 유니폼
도 마련되었습니다.

2007년 4월 3일, 드디어 공군에이스의 창단식이 거행되었
습니다. 공식적인 게임단 창단 행사에 참여하는 것은 처음이
라 많이 떨리고 긴장되었습니다. 아침부터 설레는 마음으로
팀 유니폼으로 갈아입고 무대에 차렷 자세로 섰습니다. 무대
위에는 플래카드가 걸려 있었고 함께 복무하는 병사들과 장
교들이 참여한 가운데 행사가 진행되었습니다.

창단식이 끝나고 사무실 겸 연습실 앞에서 기념사진을 찍
은 다음, 참모총장께 인사를 드리러 갔습니다. 참모총장의 집
무실 앞에는 비서실장 같은 분이 계셨는데 이분의 군복에도
별이 하나 반짝이고 있었습니다. 일개 병사 신분으로 장군들
과 대면하는 것도 새로운 경험이었습니다. 참모총장은 우리
에게 악수를 건네며 공군의 위상을 드높여달라는 지시를 내

공군에이스 홈페이지

렸습니다. 공군에이스는 세계 최초의 군대 프로게임단이라는 타이틀로 기네스북에 등재되었습니다.

이후 우리는 공식적으로 스타크래프트 프로리그에 참여했습니다. 경기가 있는 날에는 경기를 하러 서울로 올라가고, 경기가 없는 날에는 연습을 하거나 부대를 돌며 이벤트 경기를 했습니다. 대회에 참여하면서 다른 대외 활동을 하는 것은 쉽지 않았습니다. 프로리그에 참여하는 모든 팀 중에서 전력상 최약체로 평가되었기에 연습에만 매진해도 성적을 내기 어려운 상황이었습니다. 하루만 연습을 쉬어도 감이 떨어지는 탓에 가끔 볼멘소리도 나왔지만 군대에서 대회에 참여할 수 있다는 것에 감사하지 않는 선수는 없었습니다.

필자가 제대하기 전까지 공군에이스의 성적은 매 시즌 하위권에 머물렀습니다. 간혹 반짝이는 플레이로 승리를 거둘 때도 있었지만 시즌 전체로 봤을 때 상위권에 올라가기는 어려운 전력이었습니다. 나중에는 대외 행사를 줄이고 시즌 중에는 프로리그에 전념하기 위해 서울에 있는 부대로 생활관까지 옮겼습니다. 연습실은 여타 프로게임단 못지않은 환경으로 구축되었고, 경기장과 거리도 가까워졌습니다. 점점 다른 프로게임단과 대등한 수준의 환경이 조성되었습니다. 선수들의 입대도 계속되었습니다. 박정석, 홍진호, 서지훈, 박태민 선수와 같은 유명 프로게이머들이 뒤를 이어 입대했고 전력도 점차 강화되었지만 좋은 성적을 거두지는 못했습니다.

공군에이스의 해체

현재 공군에이스는 해체되고 없습니다. 2010년 e스포츠계를 먹구름으로 가득하게 만든 승부 조작 사건과 함께 스타크래프트의 쇠락은 공군에게 더 이상 프로게임단을 운영할 명분을 만들어주지 못했습니다. 매 시즌 하위권을 벗어나지 못해 약한 이미지를 주는 것도 문제였습니다. 결국 2014년 3월, 공군에이스는 해체되고 역사 속으로 사라졌습니다. 한국 e스포츠협회, 공군 관계자, 많은 선수들의 노력으로 만들어진 공군 에이스의 해체는 안타까움과 함께 짙은 아쉬움을 남겼습니다. 공군에이스가 해체되지 않았다면 후배 프로게이머들이 본인의 재능을 살려 군 복무를 하고, 제대 후 진로를 결정하는데 선택의 폭이 넓어졌을 것입니다.

공군에이스의 추락이 더 높은 곳으로 비상하기 위한 도움닫기이기를 바랍니다. e스포츠가 많은 이들의 사랑을 받게 된다면 공군에이스는 또다시 힘찬 날갯짓을 할 수 있을 것입니다. 팬들의 따뜻한 말 한마디, 게임을 긍정적으로 바라보는 시선들이 다시 한 번 기적을 만들어내기를 꿈꿔봅니다.

e스포츠에서 나온 유행어는?

21세기 초, 무선 네트워크 서비스의 발전은 사회에 닳은 변화를 일으켰습니다. 곳곳에 PC방이 들어섰고 다음, 네이버와 같은 포털 사이트 업체가 모두의 예상을 뛰어넘고 공룡 기업이 되었습니다. 우리의 삶은 더 크게 변했습니다. '빨리빨리'가 일상이었던 생활은 더욱 빨라졌습니다. 서둘러 컴퓨터 사용법을 익혀야 했고, 인터넷을 활용해서 정보를 빠르게 찾아내는 능력은 기본이 되었습니다. 좋든 싫든 살아남기 위해 인터넷을 할 수밖에 없고, 이러한 변화에 부담을 느끼는 사람도 생겨났습니다.

e스포츠의 최대 소비자인 10대나 20대는 태어나면서부터 컴퓨터, 스마트폰, 카카오톡, 트위터, 페이스북 등을 접하고

공간을 뛰어넘으며 소통해온 세대입니다. 이들에게 컴퓨터와 스마트폰 사용은 익숙한 장난감을 손에 쥐고 노는 것과 같습니다. 마치 몸속에 들어 있는 심장, 위장 같은 장기처럼 스마트폰은 일상생활에서 없어서는 안 되는 분신이 되었습니다. 이들은 여러 미디어 기기를 능숙하게 활용해 게임을 즐기고 전 세계 e스포츠 마니아들과 소통합니다.

어린 세대들의 팡팡 튀는 아이디어와 사물을 보는 새로운 시각은 e스포츠에 영향을 주고, 이는 그대로 사회 전반으로 뻗어나갑니다. e스포츠에서 생겨난 용어와 응원 문화는 다른 스포츠와 각종 분야에 영향을 미칩니다. 예를 들어, e스포츠에서 뛰어난 활약을 선보인 선수에게 붙는 별칭인 '갓(God)'은 다른 스포츠 선수에게도 옮겨가고, 심지어 공중파 예능 방송에서도 접할 수 있게 되었습니다. 마치 신과 같은 플레이를 선보였다는 의미인 '갓'은 어느새 일반적으로 통용되는 용어가 되었습니다.

리그 오브 레전드에서 쓰이는 용어 중에 일상으로 넘어온 것들도 많습니다. 한 예로 계속된 패배로 이성을 잃었을 때 "멘탈이 깨졌다"고 합니다. 멘탈(mental)은 정신을 뜻하는 외래어지만 잘 사용되지 않다가 리그 오브 레전드를 통해 폭넓게 쓰이는 단어가 되었습니다. "멘탈 관리 잘해", "멘탈 챙겨",

"유리 멘탈"과 같은 말은 게임뿐 아니라 일상생활에서도 쉽게 접할 수 있습니다. 이외에도 본인의 뛰어난 실력으로 팀을 승리로 이끌었을 경우를 뜻하는 '캐리(carry)', 세계 최강의 미드 플레이어의 줄임말 '세체미'에서 파생된 '세젤여(세상에서 제일 예쁜)', '세젤잘(세상에서 제일 잘생긴)' 같은 용어도 등장했습니다. e스포츠에서 새롭게 생산되는 용어는 일일이 거론하기 어려울 정도로 많습니다. 이런 용어들은 10대나 20대의 소통 속도에 힘입어 빠르게 퍼져나가고 또다시 새로운 용어가 재창조됩니다. 이러한 순환 속에서 e스포츠는 계속해서 인터넷 문화를 바꾸어나가고 유행을 이끌어갑니다.

공중파 방송에서 오프닝 콘셉트로 e스포츠의 오프닝을 그대로 도용해서 논란이 일기도 했습니다. e스포츠는 게임이 시작되기 전에 게임 시작을 알리는 오프닝 영상을 보여줍니다. 오프닝 영상에는 프로게이머들이 직접 출연하고, 콘셉트에 맞게 연기를 펼칩니다. 팬들은 선수들이 등장하는 오프닝에 환호했고, 이는 e스포츠를 즐기는 하나의 볼거리였습니다. 2004년 스카이 배 프로리그 오프닝 영상은 특히 박진감 넘치는 연출과 선수들의 열연으로 큰 호평을 받았습니다. 많은 인기 덕분이었을까요? 공중파 예능 프로그램에서 출연자만 바뀌었지, 완전히 똑같은 오프닝을 제작해 송출했습니다.

이에 화가 난 e스포츠 팬들이 해당 게시판에 글을 올리며 거세게 항의했습니다. 일이 커지자 이 프로그램 제작진은 다시는 이 오프닝을 사용하지 않겠다고 했습니다. 이는 e스포츠의 콘텐츠가 공중파 방송에서 표절할 정도로 수준이 높다는 것을 증명했습니다.

개인 방송 문화 발전에도 혁혁히 공헌한 e스포츠

e스포츠는 아프리카TV, 다음팟TV(현 카카오TV), 트위치와 같은 개인 방송 문화 발전에도 혁혁히 공헌했습니다. 아프리카TV에는 스타크래프트, 리그 오브 레전드, 오버워치 등 게임을 콘텐츠로 한 방송이 큰 인기를 끌고 있으며, SK텔레콤 T1의 이상혁 선수의 첫 개인 방송에는 전 세계 20만 명이 넘는 시청자가 몰려들기도 했습니다. 개인 방송의 성장과 더불어 공중파 방송에도 이를 주제로 한 프로그램이 생겨났으며 오랫동안 시청자의 사랑을 받고 있습니다. 이제는 누구나 개인 방송을 통해 새로운 스타로 거듭날 수 있는 세상이 되었습니다. 우리나라는 조직과 단체를 중시하는 분위기에서 개인의 삶의 가치에 중점을 두는 방향으로 변했고, 이러한 흐름과 e스포츠의 성장이 결합해 개인 방송이라는 새로운 문화가 꽃피었습니다.

트위치의 이상혁 선수 개인 방송

한국콘텐츠진흥원에 따르면 2016년 국내 게임 산업 수출액은 총 4조 572억 원이며, 이 중에서 게임 산업 수출은 방송, 영화, 음악 등을 모두 더한 콘텐츠 산업 전체 수출액의 55%를 차지했습니다. 우리에게 익숙한 한류 드라마, K-pop, 기타 모든 문화 콘텐츠를 더해도 게임 산업에 견주지 못하는 셈입니다. 게임은 무서운 속도로 우리나라의 대표 수출 품목이 되었습니다.

게임 산업과 e스포츠는 선순환 관계로 이루어집니다. 게임의 인기는 e스포츠를 탄생시켰고, e스포츠는 다시 게임 산업을 촉진시키는 데 기여합니다. e스포츠는 게임 산업의 이미지 개선에 영향을 줍니다. 게임에 대한 부정적인 인식을 지워 나가고 긍정적인 시선을 이끌어냅니다. 어두운 그림자 속에 있는 게임을 양지로 끌어올리는 견인차 역할을 하면서 게임 산업의 건전한 성장을 위한 밑바탕이 되어줍니다. 이에 게임 사는 새로운 게임을 출시할 때 e스포츠 대회를 개최해 게임 을 홍보하는 데 톡톡히 활용합니다.

이제 e스포츠는 그들만의 리그에서 우리나라를 대표하는 문화로 성장했습니다. 물리적인 공간의 장벽을 뛰어넘어 퍼 질 수 있다는 점에서 성장 잠재력은 무궁무진합니다. 게임에 접속해서 마우스와 키보드를 몇 번만 두드리면 단숨에 지구 반대편에 있는 사람과 함께 게임을 즐기고 소통할 수 있습니 다. e스포츠는 세계인을 손쉽게 하나로 모을 수 있는 바구니 가 되었습니다. 이 바구니는 지금도 계속해서 커지고 있습니 다. 앞으로 e스포츠가 어떻게 발전하고, 우리의 삶에 어떤 영 향을 미칠지 상상해보는 것은 미래를 바라보는 하나의 창이 될 것입니다.

게임 박람회에서 e스포츠의 미래를 보다

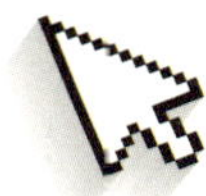

"아빠, 우리 게임하러 가요."

10대 자녀를 둔 아버지라면 한번쯤 들어봤을 법한 말입니다. 자녀들은 디지털 세대라고 부르기에 손색이 없을 만큼 컴퓨터, 스마트폰과 같은 디지털 기기와 많은 시간을 보냅니다. 동시에 e스포츠를 누구보다 많이 즐기는 세대이기도 합니다. e스포츠는 20년밖에 안 되는 짧은 역사를 가지고 있지만 자녀 입장에서는 태어날 때부터 존재했던 문화 콘텐츠입니다. 그들에게 e스포츠는 야구, 축구, 농구와 같습니다. 자녀들은 주말이 되면 잠에 빠져 있는 아빠의 손을 잡아당기며 놀아달라고 채근합니다. PC방에서는 아빠와 아들이 함께 게임을 하는 모습을 심심치 않게 볼 수 있습니다. e스포츠는 부고와 자녀를 이어주는 보이지 않는 끈이 되었습니다.

2016년 7월, 한국e스포츠협회는 가족을 대상으로 초청 이벤트를 진행했습니다. 추첨을 통해 가족 참가자를 모집했고, 당첨된 가족에게는 경기 관람권과 더불어 프로게이머와 함께 기념사진을 찍을 수 있는 기회가 주어졌습니다. 정규 e스포츠 리그 이외에도 가족이 함께 e스포츠를 즐길 수 있는 이벤트가 늘어나고 있습니다. 매년 한국e스포츠협회와 지방자치단체는 게임과 관련된 행사를 꾸준하게 개최하고 진행합니다. '2016년 가족 e스포츠 페스티벌'에서는 HIT라는 게임으로 가족 대항전이 열렸습니다. 부모와 자녀가 한 팀을 이루어 게임을 하는 모습을 상상하면 저도 모르게 입가에 행복한 미소가 번집니다.

게임 박람회는 e스포츠, 게임 산업의 커다란 축제 중 하나입니다. 게임 박람회에서는 게임사에서 야심차게 준비한 신규 게임이 소개됩니다. 박람회 기간에는 특설 무대에서 e스포츠 경기가 치러집니다. 박람회도 보고 e스포츠도 즐길 수 있기에 많은 게임 팬들의 이목이 집중됩니다. 가족들은 유모차를 끌고, 아이의 손을 잡고 게임 박람회를 보러 옵니다. 비싼 입장권이 조금도 아깝지 않습니다. 박람회장에 입장하는 순간 게임의 진수성찬을 마음껏 맛볼 수 있기 때문입니다.

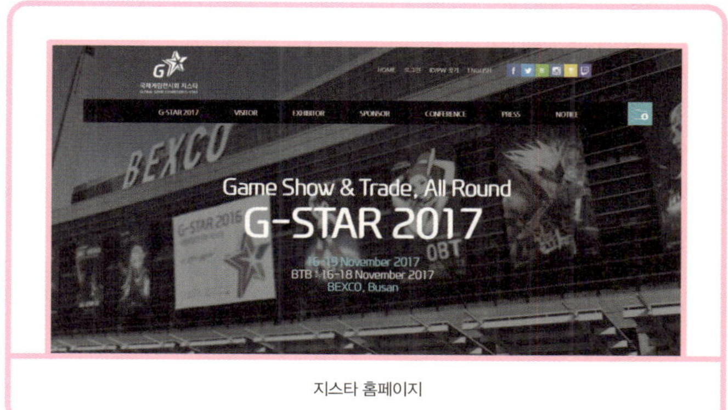

지스타 홈페이지

우리나라의 대표적인 게임 박람회, 지스타(G-STAR)

우리나라의 대표적인 게임 박람회로는 2005년부터 2008년까지 경기도 일산 킨텍스에서 열렸고 이후 2009년부터 꾸준히 부산에서 개최되고 있는 '지스타(G-STAR)'가 있습니다. 처음에 게임 박람회를 개최한다고 했을 때는 많은 이들이 반신반의했습니다. 게임을 주제로 한 박람회를 찾는 방문객이 별로 없을 거라는 예측이 많았습니다. 이들의 예상을 비웃기라도 하듯 지스타는 말 그대로 대박을 쳤고 이후로도 계속해서 개최되고 있습니다. 2016년에는 총 22만 명의 관람객이 입장했으며, 지스타를 보기 위해 부산행 열차를 타는 사람도 많습니다. 지스타는 부산에 젊고 역동적인 이미지를 심어주었고, 광안리의 부산불꽃축제와 더불어 부산의 대표적인 홍보 콘텐츠가 되었습니다. 부산 시 관계자는 지스타를 세계 3대 게임 박람회로 성장시키겠다는 포부를 밝혔으며, 부산은 2020년까지 지스타의 개최 장소로 선정되었습니다.

1990년대 어두침침한 분위기의 오락실에서 화려한 불빛과 볼거리로 가득한 게임 박람회까지, 시간이 흘러 게임은 부정적인 인식을 지워가면서 가족이 함께 즐기는 문화 콘텐츠로 발전하고 있습니다. 이제 게임은 21세기를 관통하는 창이 되었고, e스포츠는 그 창끝을 더욱 날카롭게 다듬고 있습니다. 게임 박람회에서 e스포츠의 미래가 엿보이는 것은 단순한 착각일까요?

국위 선양 중인 프로게이머들?

e스포츠의 저변이 확대되고 세계적인 열풍을 불러일으키면서 프로게이머의 입지도 높아지고 있습니다. e스포츠 대회와 리그는 우리나라뿐 아니라 미국, 유럽, 중국 등 세계 각지에서 개최됩니다. 리그 오브 레전드는 속칭 '롤드컵'이라고 해서 매년 대륙별 상위 팀들을 모아 국제 대회를 개최합니다. 세계에서 가장 잘하는 팀들이 모여서 자웅을 겨루기에, 축구의 월드컵에 빗대서 롤드컵이라고 부르게 되었습니다. 매년 가을이 되면 최고의 선수들의 경기를 지켜볼 수 있기에 수많은 팬들은 가을이 오기를 기다립니다.

리그 오브 레전드는 한 해에 이루어지는 대회의 틀이 잘 잡혀 있습니다. 몇 해 동안 시행착오를 거친 끝에 전 세계에서

↑ 2015년 롤드컵 결승전 ⓒ 라이엇 게임즈 ↓ 2016년 롤드컵 결승전 ⓒ 라이엇 게임즈

통일된 방식으로 대회를 진행합니다. 봄부터 여름까지는 두 번의 '스플릿'이 진행됩니다. 모든 팀이 돌아가면서 경기를 치르는 풀리그 방식을 두 바퀴 돌면 하나의 스플릿이 마무리됩니다. 이후 상위 팀들은 플레이오프를 치르게 되고 결과에 따라 스플릿의 우승팀이 결정됩니다. 프로야구와 비슷한 방식입니다. 대신 리그 오브 레전드는 한 해에 두 번의 스플릿으로 나눠서 진행되는 반면, 야구는 한 해에 한 번의 스플릿이 진행된다고 볼 수 있습니다.

두 번의 스플릿 동안 좋은 성적을 거둔 상위 팀들은 롤드컵에 진출할 자격을 얻습니다. 이는 다른 나라도 마찬가지입니다. 세계 각지에서 동일한 일정으로 경기가 진행되기 때문에 팬들은 같은 시기에 다른 나라 팀의 경기를 비교해서 볼 수 있습니다. 이렇게 해서 모인 세계 각국의 팀들은 그해 최고의 팀을 가리기 위해 한자리에 모입니다.

2016년 롤드컵 우승 상금은 자그마치 23억 원에 달했습니다. 롤드컵에 진출하느냐 못하느냐는 큰 상금을 획득할 수 있는 기회뿐 아니라 팀과 선수의 명예가 걸려 있는 일이 되었습니다. 선수들은 롤드컵에 진출하기 위해 필사적으로 경기에 임합니다. 한 달 정도 되는 롤드컵 기간에는 수많은 팬들의 이목이 집중됩니다. 2016년 롤드컵에서는 누적 시청자 수가 총

4억 명이 넘었습니다. 세계 인구를 71억 명이라고 보면, 5%가 넘는 사람들이 롤드컵 경기를 시청했다는 의미입니다. 길에서 지나가는 사람 20명 중에 1명은 롤드컵을 봤다고 추측할 수 있습니다. 이를 10대나 20대로 세대를 한정하면 비율은 더 높아질 것입니다. e스포츠가 지구촌을 아우르는 문화로 우뚝 다가서고 있습니다.

전통적인 게임 강국

우리나라는 전통적인 게임 강국이었습니다. 스타크래프트부터 워크래프트3, 리그 오브 레전드 등 세계 대회가 개최되면 우리나라 선수가 거의 모든 대회를 휩쓸었습니다. 국제 대회 결승전에서 대한민국 팀끼리 경기하는 일도 쉽게 볼 수 있습니다. 2015년, 2016년 롤드컵도 우리나라 팀 간의 결승전으로 마무리되었습니다. 올림픽의 양궁과 같이 우리나라 예선을 뚫는 것이 본선 경기보다 더 치열할 때가 많습니다. 세계 게임 팬들에게는 우리나라가 게임 강국이라는 것과 더불어 대한민국 프로게이머가 세계 최고라는 인식을 줍니다. 세계 각국의 선수단은 비시즌 기간에 우리나라를 찾아와서 벤치마킹합니다. 우리나라는 e스포츠 하면 바로 떠오르는 나라가 되었습니다.

스트리밍의 인기도 뜨겁습니다. 스트리밍은 개인 방송을 의미하는 용어입니다. 선수들은 대회에 출전하는 것과 동시에 스트리밍을 통해서도 게임을 하고 팬들과 소통합니다. 팬들은 선수들의 개인 화면과 게임 외적인 모습을 보기 의해 스트리밍을 시청하고 선수들에게 후원금을 보냅니다.

전 세계로 송출되는 스트리밍에는 적게는 몇 천 명부터 많게는 몇 십만 명까지 시청자가 몰립니다. 선수들은 우리나라 e스포츠를 세계에 알리고 대한민국을 홍보하는 1인 기업이 되었습니다. 언어와 문화가 다르지만 게임이라는 콘텐츠를 통해 세계가 하나로 묶입니다. 선수들은 e스포츠를 통해 우리나라의 이미지를 드높이는 데 기여하고 있습니다.

세계 각국의 팀에 포진한 우리나라 선수들

세계 각국의 팀에는 우리나라 선수들이 많이 포진해 있습니다. 선수들의 실력과 기량이 워낙 뛰어나서, 각국의 게임단들은 너 나 할 것 없이 대한민국 선수들을 스카우트하기 위해 호시탐탐 기회를 엿봅니다. 선수들은 좀 더 좋은 대우를 받으며 해외 팀으로 이적합니다. 그리고 해외에서 우리나라의 수준 높은 게임 실력을 여과 없이 보여줍니다. 선수뿐 아니라 감독, 코치도 해외 팀으로 영입될 정도로 우리나라 e스포츠의 위상은 높습니다. 해외 팀인데도 불구하고 우리나라 선수들이 자리를 다 차지하는 경우를 방지하기 위해 팀당 외국 선수 구성에 제한을 두기도 합니다. 리그 오브 레전드는 5명의 출전 선수 중에서 2명까지만 해외 선수를 허용합니다. 프로야구, 프로축구에서 국외 선수 영입 수를 제한하는 것과 같습니다.

선수들은 어느 나라 어느 곳에서도 수준 높은 플레이를 선보입니다. 해외 팀에서도 우리나라 선수들이 에이스 자리를 꿰찼고, 팬들은 우리나라 선수들의 경기에 환호합니다. 2016년 롤드컵에는 16개 팀, 총 96명의 선수가 참여했는데, 이 중 우리나라 선수는 약 30%에 달하는 31명이었습니다. 축구 리그의 최고봉인 유럽 챔피언스 리그에 우리나라 선수가 30%에 달한다면 어떤 기분이 들까요? 아마 경기를 보는 내내 자랑스러운 마음이 들지 않을까요? 대한민국 프로게이머들은 어느덧 e스포츠라는 넓은 무대를 가득 채웠습니다. 우리나라를 알리는 그들의 경기를 흐뭇한 마음으로 지켜보고 응원해 줍시다.

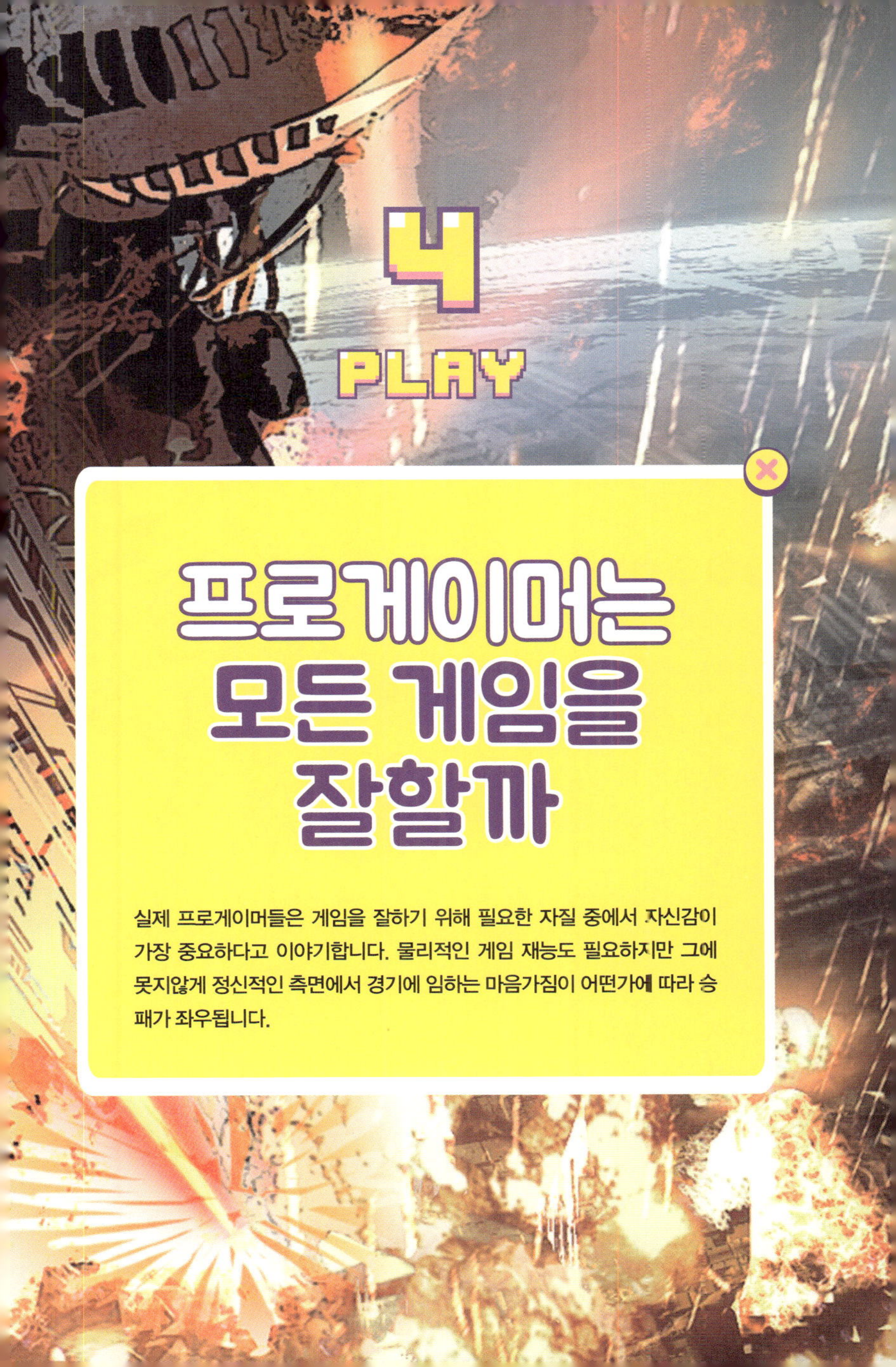

4
PLAY
프로게이머는
모든 게임을
잘할까
실제 프로게이머들은 게임을 잘하기 위해 필요한 자질 중에서 자신감이
가장 중요하다고 이야기합니다. 물리적인 게임 재능도 필요하지만 그에
못지않게 정신적인 측면에서 경기에 임하는 마음가짐이 어떤가에 따라 승
패가 좌우됩니다.

손빠르기와 실력은 정비례할까:
게임의 고수가 되기 위한 팁

프로게이머라는 단어를 보면 어떤 이미지가 떠오르나요? 매서운 눈빛의 승부사, 10대들이 선호하는 유망 직업, 게임 마니아 등 여러 가지 생각이 날 것입니다. 보통 프로게이머라고 하면 양손이 보이지 않을 정도로 빠르게 움직이며 게임에 몰입하는 모습이 먼저 떠오릅니다.

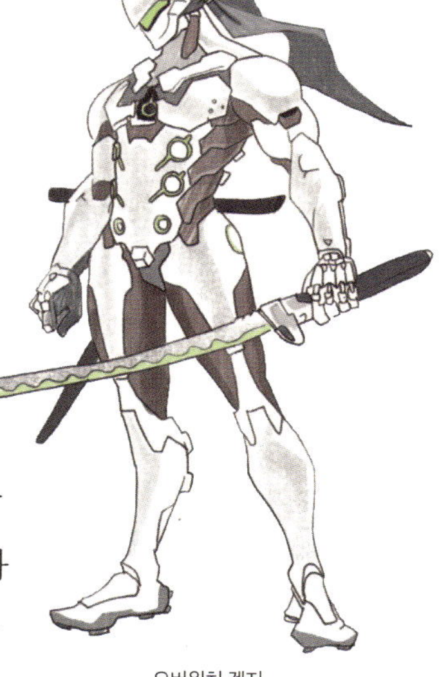

오버워치 겐지

혹자는 프로게이머가 게임을 하는 모습을 보며 "마치 피아니스트가 피아노를 치는 것 같다"라고 말했습니다. 마우스와 키보드를 빠른 속도로 움직이고 두드리는 광경을 보면서 이런 생각이 드는 것도 이상하지 않습니다. 프로게이머에게 요구되는 많은 요소 중에 손 빠르기는 가장 먼저 떠오르는 자질입니다. 그럼 손이 빨라야만 게임을 잘할 수 있을까요? 손이 빠르면 게임을 잘할 수 있고 느리면 게임을 잘할 수 없는 것일까요? 손 빠르기와 게임 실력에는 어떠한 상관관계가 있을까요?

일반적으로 손 빠르기를 측정하는 지표로는 'APM'을 활용합니다. APM은 Action Per Minute의 약자로 일 분에 몇 번의 명령을 내렸는지 의미하며 일 분 동안 마우스 클릭 횟수와 키보드 입력 횟수의 총합을 뜻합니다. 예를 들어 APM기 100이면 1분 동안 100번의 명령을 내린 것이고, APM이 200이면 1분에 200번의 명령을 내린 것입니다. 마우스를 빠르게 조작하고 클릭할수록, 키보드를 쉴 새 없이 두드릴수록 APM은 높아집니다. 보통 프로게이머들은 300에서 500 내의의 APM을 보여주는데, 경기 상황에 따라 수치가 변동합니다.

APM이 높으면 높을수록 같은 시간 동안 많은 명령을 내린 셈이니 승리에 한 발자국 가까워질 것 같습니다. 이는 반은 맞고 반은 틀린 말입니다. 상대방보다 APM이 높다그 해서 경기에서 반드시 이길 수 있는 것은 아닙니다. 중요한 점은 '경기 중에 반드시 필요한 명령을 적시에 내릴 수 있느냐 없느냐'입니다. 무엇을 어떻게 할지 머리로 먼저 판단한 다음 마우스와 키보드를 조작해서 지시를 내려야 합니다. 손보다 중요한 것은 머리입니다. 게임에 대한 정확한 이해가 손의 빠르기보다 우선해야 합니다. 손이 아무리 빨라도 쓸데없이 헛손질만 한다면 경기에는 전혀 도움이 되지 않고 손목만 저릴 뿐입니다. 프로게이머들은 경우에 따라 가장 중요한 명령을 재빠르게 내릴 수 있도록 반복 훈련을 거듭합니다.

이를테면 달리기를 잘한다고 꼭 좋은 축구 선수라고 할 수 없는 것과 비슷합니다. 다른 선수들보다 발이 빠르다면 전술적으로 유리한 고지에 설 수 있지만 원하는 방향으로 공을 제대로 차지 못하면 말짱 꽝입니다. 치고 달리는 데는 이만한 선수가 없겠지만 센터링이 허공을 갈라 라인 바깥으로 나갈 때마다 감독의 눈살은 찌푸려질 것입니다. 그렇다고 발이 너무 느리면 상대를 쫓아갈 수 없습니다. 공격수의 빠른 몸놀림을 막기 위해서는 그에 못지않은 스피드가 필요합니다. 축구 선수가 야구 선수보다 날씬한 것은 축구가 빠른 속도로 쉴 새 없이 달려야 하는 스포츠이기 때문입니다.

손 빠르기는 게임에서 승리하기 위해 필요한 여러 요소 중 하나에 불과합니다. 정확한 상황 판단력, 상대방의 심리를 꿰

뚫는 안목, 집중력과 승부욕, 게임에 대한 이해와 더불어 빠른 손놀림까지 겸비한다면 다른 사람보다 게임을 잘할 가능성이 높습니다. 손 빠르기는 머리에서 생각하는 그림을 그대로 실행에 옮길 수 있을 정도만 되면 충분합니다.

게임을 잘하기 위해 필요한 자질 중에서 가장 중요한 것은?

실제 프로게이머들은 게임을 잘하기 위해 필요한 자질 중에서 자신감이 가장 중요하다고 이야기합니다. 물리적인 게임 재능도 필요하지만 그에 못지않게 정신적인 측면에서 경기에 임하는 마음가짐이 어떤가에 따라 승패가 좌우됩니다. SK텔레콤의 정글러로 활약한 배성웅 선수는 "좋은 성적을 내기 위한 비결은 자신감이다. 자신감만 되찾으면 슬럼프도 극복할 수 있다"라고 말했습니다. 또 락스 타이거즈의 원글러 김종인 선수는 "이기면 이길수록 어떤 플레이를 하든지 무조건 승리한다는 자신감이 생기는 것 같다"라고 했습니다.

게임 실력과 자신감은 선순환 관계에 있습니다. 실력이 오르면 자신감이 생기고, 자신감이 생기면 실력이 오릅니다. 정상에 오른 선수들은 어떤 상대를 만나도 질 것 같지 않다고 종종 말합니다. 경기는 기 싸움에서 시작됩니다. 기에서 길리면 하고 싶은 플레이를 제대로 펼칠 수 없습니다. 손은 떨리고 마음은 조급해져서 크고 작은 실수가 나옵니다. 프로게이머들은 객관적으로 실력이 부족할지 몰라도 항상 상대보다 앞선다고 생각해야 합니다. 나보다 강한 상대를 만나면 그 선수를 뛰어넘을 수 있는 기회로 여기는 선수가 발전할 수 있습니다.

손이 빠르지 않아도 게임에 대한 이해와 자신감으로 무장한 선수는 두려운 존재입니다. 손이 느린 선수가 손이 빠른 선수를 이기는 일도 허다합니다. OGN 강민 해설자는 선수 시절 스타크래프트 프로게이머 치고는 손이 느린 편이었지만 여러 대회를 석권하고 당대 최고의 프로게이머가 되었습니다. 늘 창의적인 전략으로 관계자는 물론 동료 선수들까지 놀라게 했습니다. 그의 플레이 하나하나는 새로운 패러다임을 제시했고 팬들은 마치 꿈을 꾸는 것 같은 플레이를 선보인다며 그에게 몽상가라는 칭호를 주었습니다. 그를 보면 프로게이머는 손보다 머리가 빨라야 한다는 사실을 잘 알 수 있습니다. 손이 빠르지 않아 슬픈 유저들에게 고합니다. "손 빠르기는 실력의 전부가 아니다"라고 말입니다.

게임이 땀샘을 열리게 한다

흔히 스포츠라고 하면 격렬한 운동이 먼저 생각납니다. 경기의 규정이 허용하는 범위 내에서 상대 선수와 치열한 몸싸움을 벌이고 서로 주도권을 차지하기 위해 애를 쓰는 장면이 떠오릅니다. 만일 축구 경기에서 공이 보이지 않는다고 가정하면 남는 건 육탄전밖에 없습니다. 시청자는 스포츠를 통해 대리 만족을 느낍니다. 응원하는 팀에 감정을 이입하고 승리했을 때는 마치 자신이 이긴 것처럼 뿌듯해합니다. 우리나라와 일본이 경기를 할 때를 생각해보면 이해하기가 쉽습니다. 종목과 상관없이 우리나라와 일본이 경기를 할 때면 다른 나라와 경기할 때보다 훨씬 집중해 지켜보게 됩니다. 이번 경기는 절대 저서는 안 된다'는 생각으로 텔레비전 앞에 정좌를 합니다. 선수들 역시 이런 국민의 정서를 이해합니다. 선수들은 한 일전에서 말 그대로 온힘을 다해 열심히 움직입니다.

이렇게 선수들끼리 불꽃이 튀는 일반 스포츠와 다르게 e스 포츠는 선수들의 움직임이 거의 없습니다. 선수들은 의자에 엉덩이를 바짝 붙이고 경기가 끝날 때까지 자리에서 일어나 지 않습니다. 다리는 전혀 쓰지 않습니다. 두 다리는 몸에 쥐 가 나지 않도록 잠깐씩 자세를 고쳐 앉을 때만 사용합니다. 신 체 중에 움직임이 요란한 것은 양 손가락뿐입니다.

언뜻 생각해보면 게임을 하면서 땀을 흘릴 일은 없어 보입 니다. 야구, 축구, 마라톤과 같은 스포츠는 운동이라는 단어로 대체해서 부를 수 있지만 컴퓨터 게임을 하는 사람을 보고 운 동한다고 하면 이상한 사람 취급을 받을 겁니다. 그러나 e스 포츠를 즐기는 사람들도 게임을 하면서도 땀을 흘립니다. 몸 을 활발히 움직이는 다른 유산소 운동과 비교하면 덜하지만 e스포츠도 많은 근육의 수축과 이완을 필요로 합니다.

신체의 여러 부위 중에 가장 활발하게 움직이는 건 우리 눈 에 보이지 않는 두뇌입니다. 두뇌는 게임이 시작되고 끝날 때 까지 계속해서 정보를 받고 해석한 다음 명령을 내립니다. 서 울대학교 운동행동연구실의 연구에 따르면 프로게이머의 뇌 는 전두엽, 두정엽, 시각중추 등 뇌의 거의 대부분 영역이 일반인에 비해 발달된 것으로 나타났다고 합니다. 프로게이머 활동 기간이 오래될수록 뇌가 발달한다는 연구 결과드 흥미롭습니다.

두뇌의 운동은 많은 에너지를 필요로 합니다. 수험생은 공부에 전념하느라 운동을 할 시간이 없습니다. 하지만 아침, 점심, 저녁 식사를 하자마자 곧 허기를 느낍니다. 운동도 하지 않고 자리에 앉아서 공부만 하는데도 배고픔을 느끼는 이유는 두뇌와 온몸의 신경을 공부에 집중하기 때문입니다. 뇌의 크기는 신체의 2%에 불과하지만 뇌가 사용하는 에너지의 양은 전체 에너지의 20%라고 하는 연구도 있습니다. e스포츠는 어떤 스포츠보다 두뇌의 땀을 필요로 하는 스포츠입니다.

몸을 격렬하게 움직이지 않아도 온 정신을 게임에 집중하면 땀구멍이 조금씩 열리기 시작합니다. 자신을 응원해주는 가족과 팬들을 위해 한 땀, 한 땀 최선을 다하면 이마에 땀이 송골송골 맺힙니다. 게임이 불리해지면 정신적으로 쫓기면서 등 뒤에 식은땀이 날 때도 있습니다. 긴박한 순간이 계속되면 땀방울이 얼굴을 따라 흘러내립니다. 땀을 흘리고 거두는 승리는 어떠한 승리보다 더한 기쁨을 선사합니다. 승리를 위해 선수들은 오늘도 구슬땀을 흘리고 있습니다.

프로게이머의 수입은 얼마나 될까

e스포츠의 주연 배우인 프로게이머의 수입은 어느 정도 될까요? 게이머라는 단어 앞에 프로가 붙었으니 프로다운 생활을 영위할 수 있는 수입을 받을까요? 프로게이머가 어떤 경로를 통해 수익을 창출하는지 알아보겠습니다.

모든 스포츠는 선수의 가치를 연봉으로 평가합니다. 희소성이 높은 선수일수록 많은 연봉을 받습니다. 호나우두나 메시와 같은 세계적인 축구 선수는 약 300억 원의 연봉을 받습니다. 메이저리그의 클레이튼 커쇼, 잭 그레인키 선수는 이보다 더 많은 연봉을 받습니다. 이들이 이토록 많은 연봉을 받는 이유는 그만한 가치가 있다고 구단에서 판단하기 때문입니다.

스포츠에서 본인의 가치를 그대로 보여주는 게 연봉이듯이 프로게이머도 연봉으로 본인의 가치를 증명합니다. 훌륭한 실력에 준수한 외모를 겸비해 인기가 많은 프로게이머는 다른 선수들보다 상대적으로 더 많은 연봉을 받을 확률이 높습니다. 대부분 실력과 연봉이 비례하지만 반드시 비례하는 것은 아닙니다. 당대 최고의 실력을 가졌다고 해서 당대 최고의 연봉을 받는 것도 아닙니다. 본인의 실력과 가치를 오랫동안 지속적으로 드러내어야 높은 연봉을 받을 수 있습니다. 반짝 스타로 머물러서는 높은 연봉을 받을 수 없고 오랫동안 팬들의 사랑을 받을 수 없습니다.

'2016년 e스포츠 실태조사 및 경제효과 분석' 보고서에서 선수들의 평균 연봉은 6,406만 원으로 나타났습니다. 이는 리그 오브 레전드, 스타크래프트2 등 전체 종목 프로게이머의 연봉을 합산한 후 평균을 구한 금액입니다. 팀을 대표하는 선수와 이제 막 프로게이머로 데뷔한 신인의 연봉 차이를 감안하면 억대 연봉부터 몇 천만 원대까지 넓은 스펙트럼을 가지고 있다고 볼 수 있습니다.

프로게이머는 어떻게 돈을 벌까요? 우선 게임단과 공식적인 계약을 맺고 받는 연봉이 있습니다. 연봉은 12분의 1로 나누어서 월급 통장으로 들어옵니다. 직장인들이 회사와 계약을 하고 월급을 받는 것과 같습니다. 기업의 경영 실적에 따라서 직장인들이 성과급을 받듯이 프로게이머도 성적에 따른 성과급을 받기도 합니다. 직장인들이 그해에 좋은 실적을 거두면 인센티브와 더불어 다음 해에 연봉 상승을 기대하듯이 프로게이머도 많은 승수를 쌓고 팀에 기여한 바가 크다면 보너스를 받을 수 있고, 이와 동시에 이듬해에 연봉이 오르리라고 기대할 수 있습니다.

일반 직장인이나 프로게이머나 연봉을 받는 경로는 유사합니다. 하지만 직장인에게는 없지만 프로게이머는 연봉 이외에 다른 부수입이 생깁니다. 대회에 입상해서 받는 상금과 기타 출연료입니다. 대회에 입상해서 받는 상금은 연봉을 받기 이전에 프로게이머의 주 수입원이었습니다. 대회 상금은 적게는 몇 십만 원에서 많게는 몇 천만 원까지 그 폭이 넓습니다. 규모가 큰 대회에 참여해 입상한다면 큰 액수의 상금을 받을 수 있습니다. 2016년 리그 오브 레전드 세계 대회인 롤드컵은 우승 상금만 20억 원을 넘었습니다. 한 번만 우승해도 일반인이 평생 벌어도 모으지 못할 돈을 벌 수 있습니다. 우리나라에는 잘 알려지지 않았지만 '도타'라는 게임의 대회 우승 상금은 100억 원을 훌쩍 넘습니다.

프로게이머의 주요 수입원, 스트리밍

최근에는 스트리밍이 프로게이머의 주요 수입원이 되었습니다. 선수들은 자발적이든 의무적이든 스트리밍을 통해 본인이 직접 게임을 하는 모습을 팬들에게 보여줍니다. 선수들의 방송을 지켜보는 팬들은 선수들에게 기부합니다. 선수들은 적게는 몇 천 원부터 많게는 몇 백만 원까지 돈을 받을 수 있습니다. 일부 선수들이 기부를 받기 위해 프로게이머의 품위를 떨어트리는 행동을 한다는 지적을 받기도 하지만 선수들에게 새로운 수입원이 생겼다는 점은 긍정적인 측면입니다.

이외에도 방송에 출연하거나 각종 매체에 인터뷰를 하는 등 추가적인 수입을 얻을 수 있습니다. 대학교나 각종 행사에 게스트로 초대되어 시범 경기, 사인회 등으로 수입을 거두기도 합니다. 하지만 프로게이머가 가장 좋아하는 수입원은 대회 우승 상금입니다. 최고의 프로게이머라는 명예와 함께 받는 우승 상금은 단순한 돈이 아닌 그들의 노력에 대한 값진 보상이기 때문입니다.

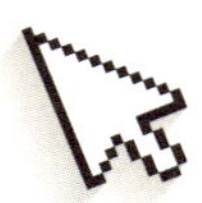

프로게이머는
모든 게임을 잘할까

프로게이머로 활동할 당시, 아침부터 늦은 밤까지 끼니 때를 제외하고 연습에만 매진하다 보면 진이 빠질 때가 많았습니다. 단순히 시간을 보내기 위해 게임을 하는 것이 아니라, 매 경기 이기기 위해 온 정신을 게임에 집중해야 합니다. 그러다 보면 한 경기만 해도 녹초가 될 때도 있습니다. 이런 경기를 하루 종일 반복하면 파김치가 되곤 합니다.

이럴 때 선수들은 다른 게임을 하며 스트레스를 풀었습니다. 게임으로 받은 스트레스를 게임으로 푼다는 게, 지금 생각해보면 아이러니합니다. 어떤 마음가짐으로 게임을 하느냐에 따라 게임이 스트레스가 될 수도 있고 스트레스를 해소하는 도구가 될 수도 있습니다. 물론 연습실에서는 스타크래프트

카트라이더 ⓒ 넥슨

이외에 다른 게임을 하는 것은 금지되어 있었지만 깊은 밤에는 마음이 풀어지기도 했습니다.

우리가 주로 했던 게임은 카트라이더였습니다. 당시 국민 맵이었던 '손가락 맵'에서 카트라이더를 즐기다 보면 쌓여 있던 스트레스가 확 풀렸습니다. 선수들끼리 편을 나눠 간식 내기라도 하는 날에는 대회에서 경기하는 것처럼 집중해서 게임을 했습니다. 같은 편이 실수라도 하는 날에는 여기저기서 육두문자가 들리기도 했습니다.

다 같은 프로게이머라고 해서 모든 선수가 카트라이더를 잘하는 것은 아니었습니다. 불행히도 필자는 잘 못하는 편에 속했습니다. 드리프트를 시도하다가 벽에 부딪치기 일쑤였고 부스터를 사용하기 위한 에너지를 제때 채우지 못해 꼴찌를 면하지 못할 때가 많았습니다. 내기에 져서 겉옷을 추슬러 입고 지갑을 챙겨 편의점으로 향해야만 했습니다. 다른 선수들은 어찌나 잘하는지 '카트라이더 프로게이머를 해도 되겠네'라고 생각했습니다.

프로게이머에 대한 선입견

프로게이머라고 하면 일종의 선입견이 있습니다. 모든 게임을 잘할 거라는 생각입니다. 프로게이머는 대부분 게임을 좋아하고 새로운 게임에 호기심이 많습니다. 하지만 모든 게임을 주 종목만큼 잘하지는 못합니다. 물론 게임을 잘하느냐 못하느냐를 어떤 기준으로 나누느냐에 따라 보는 시각은 달라질 것입니다. 일반인이 보기에는 프로게이머는 모든 게임을 잘하는 것처럼 느껴질 겁니다. 하지만 프로게이머라고 해서 다른 종목의 프로게이머가 될 정도로 다른 게임을 잘하기는 어렵습니다. 이런 현상은 해당 종목의 정상급으로 가면 갈수록 심화됩니다.

스타크래프트에서 최고의 기량을 보여준 선수 중에 워크래프트3이나 스타크래프트2에서 정상급으로 올라선 선수는 극히 드뭅니다. 같은 전략 시뮬레이션 게임인데도 한 명의 절대자가 모든 종목을 석권하지는 못합니다. 여러 종목을 동시에 제대로 연습할 수 없기도 하지만 그럴 수 있다고 해도 쉽지 않은 일입니다.

모든 게임에는 그 게임을 잘하기 위해 꼭 필요한 요소들이 있습니다. 유닛 컨트롤, 상황 판단력, 상대를 뒤흔드는 전략, 불리할 때 모험을 걸 수 있는 배짱까지 이루 셀 수 없이 많은 부분들이 어우러져 실력이 됩니다. 중요한 것은 게임마다 유저에게 필요로 하는 재능이 조금씩 다르다는 점입니다. 어떤 게임에서는 유닛의 컨트롤이 가장 중요하지만 어떤 게임에서는 게임을 전체적으로 보는 시야가 가장 중요할 수 있습니다. 프로게이머 세계에서는 조금의 차이가 누적되어 큰 차이를 만들어내는 만큼 아무리 뛰어난 프로게이머라도 모든 게임에서 정상을 차지하기는 어렵습니다.

농구 황제 마이클 조던은 "나는 도전 없이는 살아갈 수 없다. 농구에서 모든 것을 이루었기 때문에 더 이상 도전할 것이 없다"며 돌연 야구 선수로 전향했습니다. 농구에서 정점을 찍은 선수였으니 야구에서도 정상에 올랐을까요? 그는 초라한 성적을 거두었고 메이저리그에서 마이너리그로 강등당하며 자존심에 큰 상처를 입었습니다. 100년에 한 번 나올까 말까

한 농구 천재였지만 야구장에서는 통용되지 않았습니다. 높은 점프력, 빠르고 정확한 손목 스냅, 상대의 동작을 읽는 동물적인 감각은 야구에서는 필요가 없었습니다.

필자 역시 스타크래프트 프로게이머를 그만둔 뒤에 스타크래프트2, 리그 오브 레전드, 오버워치까지 모든 게임을 열심히 해봤지만 스타크래프트만큼 실력이 오르는 게임은 없었습니다. 스타크래프트의 후속작인 스타크래프트2도 마찬가지였습니다. 게임마다 상위권에 랭크되긴 했지만 프로게이머를 하기에는 턱없이 부족한 실력이었습니다. 나이 탓도 있겠지만 다른 게임에서 프로가 되기에는 기량이 부족했습니다.

5년 동안 스타크래프트를 하지 않았던 이영호 선수가 복귀하자마자 모든 대회를 휩쓸며 곧바로 정상급으로 오른 것은 다른 선수들의 실력이 부족해서였을까요? 장재호 선수가 오랫동안 워크래프트3를 하지 않고도 복귀 후 정상의 자리를 금방 차지한 이유는 무엇일까요? 이영호, 장재호 선수가 만약 리그 오브 레전드로 전향한다면 정상에 올라설 수 있을까요? 뛰어난 게임 센스로 어느 정도까지는 성장하겠지만 프로의 세계는 '어느 정도'를 허용하지 않습니다.

선수마다 다양한 게임에 재능이 있다는 점은 흥미로우면서도 다행인 부분입니다. 만약 한 선수가 모든 게임에서 1등을 차지한다면 경기를 바라보는 재미가 반감될 것입니다. 축구에서는 손흥민 선수를 볼 수 있고 야구에서는 류현진 선수를 볼 수 있기에 스포츠를 즐길 맛이 납니다. 스타크래프트에서는 이영호 선수를, 리그 오브 레전드에서는 이상혁 선수를, 오버워치에서는 류재홍 선수를 볼 수 있기에 모든 종목이 재미있는 게 아닐까요?

협동의 시대:
팀워크는 생명이다

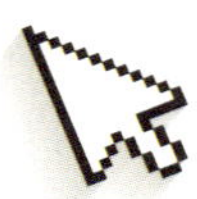

e스포츠의 중심 종목이 스타크래프트에서 리그 오브 레전드로 넘어오면서 프로게이머에게 반드시 필요한 핵심 역량이 하나 늘어났습니다. 바로 팀워크입니다. 같은 팀 선수와 호흡을 잘 맞추느냐 못 맞추느냐는 경기의 승패와 직결되는 중요한 요소입니다.

스타크래프트 리그는 1대1 경기가 중심이었습니다. 한때 프로리그에 2대2 경기도 있었지만 다양한 콘셉트의 경기를 만들어내고 많은 선수가 활동할 수 있는 시스템이었을 뿐, 스타크래프트의 본질은 1대1이었고 팬들의 관심도 1대1 경기에 집중되었습니다. 나중에는 프로리그에서도 2대2 경기는 폐지되고 1대1 경기만 남았습니다. 이런 면에서 스타크래프트 리그는 양궁과 유사합니다. 개인전과 단체전 경기가 있지만 경기 중에 자신이 다른 선수와 호흡을 맞출 일은 그다지 없습니다. 자기 페이스대로 활시위를 당기고 과녁에 적중시키면 됩니다.

반면 앞서 말했듯이 리그 오브 레전드는 5대5 경기가 기본입니다. 승리하기 위해서는 다섯 명이 한 몸처럼 움직여야 합니다. 개인 능력도 중요하지만 개인기보다 팀워크가 더 중요한 이유입니다. 리그 오브 레전드는 농구와 닮았습니다. 다섯 명이 한 팀이 되어 경기를 하는 것도 같지만 선수들끼리 유기적인 플레이가 필수적이라는 점이 비슷합니다. 한 선수에게 빈틈이 생기면 팀 전체에 균열이 생깁니다. 상대 팀은 이런 빈틈을 놓치지 않고 집중적으로 파고듭니다.

리그 오브 레전드 이전에도 카운터 스트라이크나 서든어택과 같이 5대5 경기가 기본인 종목이 있었습니다. 그럼에도 불구하고 리그 오브 레전드에서 좀 더 팀워크가 중요시되는 이유는 전장이 넓고, 한 선수의 움직임이 다음 상황에 큰 영향을 미치기 때문입니다. 나비의 날갯짓이 지구 반대편에 태풍을 불러올 수 있듯이 한 선수의 플레이가 경기 내내 태풍을 불러일으킬 수 있습니다. 이를테면 게임 내에서 혼자 기술을 사용했을 때와 둘이서 기술을 번갈아 사용했을 때 발생하는 효과에는 큰 차이가 있습니다. 둘이서 기술을 사용했을 때 100%의 효과를 낼 수 있다고 하면 혼자서 기술을 쓰면 많다고 해봐야 30%의 효과밖에 거둘 수 없습니다. 1 더하기 1이 2가 아니라 3이 되고 4가 됩니다. 다섯 명이 다 같이 모인 경우에는 팀워크에 따라 전투 결과가 손바닥 뒤집듯이 바뀝니다.

이에 선수들은 마이크가 달린 헤드셋을 착용하고 수시로 의견을 주고받습니다. 자그마한 정보라도 놓치지 않고 다른 선수들에게 전달합니다. 경기 중에 상대 선수가 시야에서 사라지면 보이지 않는다고 말해줍니다. 다른 지역에 갑자기 상대 선수가 나타날지도 모르기 때문입니다.

'말하지 않아도 알아야' 하는 사이

강팀일수록 선수들 간의 의사소통이 원활하게 이루어지며 반대로 의사소통이 잘 이루어져야 강팀이 될 수 있습니다. 한 광고의 캐치프레이즈처럼 '말하지 않아도 알아야' 하는 사이가 되어야 합니다. 아무리 게임을 잘한다고 하더라도 혼자만의 생각으로 게임을 하면 팀 승리에 보탬이 될 수 없습니다. 게임단에서는 선수를 선발할 때 다른 사람의 의견을 얼마나 잘 수용하는지 중점적으로 살펴봅니다. 실력도 중요하지만 이에 못지않게 팀원들과 융화될 수 있느냐가 핵심이기 때문입니다.

SK텔레콤 이상혁 선수는 본인의 팀이 전투에서 항상 좋은 모습을 보여주는 비결로 빠른 판단과 일사불란하게 움직이는 팀워크를 들었습니다. 상대 팀과 교전이 임박했을 때 이길 수 있을지 없을지 순식간에 판단하고 공격할지 아니면 다음을 노릴지 결정합니다. 그리고 한 번 정했으면 죽이 되든지 밥이 되든지 모든 선수가 한 몸처럼 움직입니다. 잘못된 판단으로 전투에서 패배할지언정 선수들이 따로 행동하는 일은 없습니다.

에드워드 게이밍의 정노철 감독은 이렇게 말합니다. "가치 있는 선수에 대한 기준은 많이 있지만, 제가 가장 중시하는 것은 소통할 수 있는 선수입니다. 선수끼리 대화를 하는 데 있어서 거리낌이 없고, 서로 잘못된 점을 이야기 편하게 할 수 있어야 합니다. 소통을 할 수 있는 선수 5명이 모이면 항상 이길 수 있을 것 같은 느낌이 듭니다."

나진 소드의 정글러로 활동했던 조재걸 선수도 동료들에게 고마움을 전했습니다. "스타크래프트 프로게이머일 대는 연습에서는 잘했어요. 그런데 대회에서는 매번 졌어요. 방송 울렁증이 없다고 생각했는데 경기가 연습 때처럼 되지 않았어요. 그런데 리그 오브 레전드는 다섯 명이서 함께 경기를 하잖

아요. 부스에 다섯 명이 나란히 있으면 제가 중간쯤에 앉아요. 그러면 마음이 너무 안정됐어요. 든든하고 팀이 믿음직스러 웠어요.”

리그 오브 레전드에 이어 새로운 e스포츠의 다크호스로 떠오르고 있는 오버워치 역시 6대6 경기가 기본인 게임입니다. 오버워치는 1인칭 슈팅 게임이지만 캐릭터마다 사용하는 기술과 특징이 뚜렷해서, 경우에 따라 캐릭터 간 시너지 효과가 극대화될 수 있습니다. 기술을 쓰는 타이밍이 조금만 어긋나도 경기의 승패가 뒤집어집니다. 덕분에 오버워치에서도 팀워크는 아주 중요한 요소로 자리를 잡았습니다.

현재는 물론, 앞으로도 e스포츠의 주류는 여러 명이 함께 플레이하는 종목이 될 것이라고 생각합니다. 게임은 사람들과 같이 즐길수록 재미있기 때문입니다. 게임사들도 이러한 부분을 놓치지 않고 여러 명이 함께 미션을 수행해야 하는 게임을 연이어 출시하고 있습니다. e스포츠에 협동의 시대가 활짝 열렸습니다.

연습을 실전처럼, 실전을 연습처럼

경기를 준비하는 데 선수들이 가장 중요하게 생각하는 부분 중 하나는 연습과 실전의 경기력 차이를 없애는 것입니다. 연습할 때 아무리 뛰어난 기량을 선보이고 좋은 성적을 거두었다고 해도 실제 경기에서 활약하지 못하면 아무 소용이 없기 때문입니다. 연습 때는 3점 슛을 기가 막히게 잘 넣는 슈터라도 실전에서 슛을 성공시키지 못하면 경기에 나올

오버워치 맥크리

수 없는 것과 같습니다.

보통 실전에서는 선수가 원래 지니고 있는 기량이 전부 발휘되지 못하는 경우가 많습니다. 만약 연습에서 10이라는 기량을 보여준다면 실전에서는 8이나 9 정도의 기량이 나옵니다. 이는 경기에서 반드시 이겨야 한다는 부담감과 중압감으로 인한 현상입니다. 유독 큰 경기에서 힘을 못 쓰거나 특정 선수만 만나면 제 실력을 발휘하지 못하는 선수가 있는 것도 긴장 때문입니다. 프로 선수라고 해도 한 번 휘청거리기 시작하면 이를 극복하기가 쉽지 않습니다. 손바닥에는 진땀이 나고 평소에는 눈 감고 해도 잘하는 플레이들이 이상하게 할 수 없습니다.

실제로 연습할 때는 누구든 곧잘 이겨내는 선수가 경기장에 들어서기만 하면 얼어붙은 나머지 자기 기량을 제대로 발휘하지 못하는 경우가 많습니다. 반대로 연습 때는 그다지 잘하는 것 같지 않은데 경기석에 들어서기만 하면 무서운 실력을 뽐내는 선수도 있습니다. 위대한 선수들은 대부분 후자에 가깝습니다. 그들은 경기석에 들어서기만 하면 무서운 집중력을 발휘해서 본인 기량 이상을 끌어내고 기 싸움에서 우위를 점하고 들어갑니다. 마치 만화를 보듯이 경기를 하는 도중에 성장을 하는 것처럼 느껴집니다. 이런 선수들을 상대하기 위해서는 자신도 그에 못지않게 강한 기운을 뿜어내야 합니다.

연습실에서는 편한 옷을 입고 편안한 자세로 게임을 할 수 있지만 경기장에서는 유니폼을 차려입고 경직된 자세르 게임에 임해야 합니다. 팬들의 우렁찬 응원 소리도 곳곳에서 들립니다. 과도한 긴장은 선수를 옭아매고 공기의 압력마저 다르게 느껴지게 합니다. 마음의 상태에 따라서 주변의 모든 것이 다르게 보이는 것입니다. 매일 지겹도록 만지는 마우스의 표면이 어딘가 어색하게 느껴집니다.

선수들은 이 사실을 누구보다 잘 알고 있고 연습을 실전처럼, 실전을 연습처럼 게임에 임하려고 합니다. 연습을 할 때도 최대한 집중해 실제 경기라고 생각하면서 최선을 다합니다. 경기가 시작되기 전에 두 눈을 감고 자신만의 주문을 되뇌며 마인드 컨트롤을 하는 선수도 있습니다. e스포츠를 멘탈 스포츠라고 부르는 이유는 본인의 심리 상태가 그대로 경기에 영향을 미치기 때문입니다. 게임을 잘하는 것 못지않게 항상 평정심을 유지하고 침착한 판단을 내릴 수 있는 마음가짐을 갖는 게 무엇보다 중요합니다.

프로게이머의 징크스는 뭘까

모든 사람들은 저마다 징크스를 가지고 있습니다. 징크스는 '으레 그렇게 될 수밖에 없는 악운으로 여겨지는 것'이라는 의미의 낱말입니다. 비슷한 일이 계속 반복되다 보면 논리적으로 설명할 수는 없지만 이를 곧이곧대로 믿게 됩니다. 수능 시험을 보러 갈 때 갓난아기 때 입었던 저고리를 가지고 간다든지, 시험을 치고 기분이 좋으면 성적이 좋지 않고 기분이 나쁘면 성적이 좋게 나오는 등 사람마다 징크스를 하나씩은 가지고 있을 것입니다.

스포츠에서도 마찬가지입니다. 언뜻 보면 이해하기 어렵지만 선수만의 개성과 특색을 보여주는 재미 요소가 됩니다. 리듬체조의 간판스타 손연재 선수에게는 후프, 리본 종목 이후

이어지는 볼 연기를 망치면 곤봉 연기도 망치는 징크스가 있습니다. 메이저리그 최고 투수로 손꼽히는 클레이튼 커쇼 선수는 칠면조 샌드위치를 먹고 마운드에 오릅니다. 한국 축구 대표 팀은 이란과 원정 경기만 치르면 승리하지 못하는 징크스가 있습니다.

프로게이머들은 어떨까요? 두 손을 활발하게 사용해야 하기에 손과 관련된 징크스를 가지고 있는 선수가 많습니다. 이윤열 선수는 경기가 시작되기 전에 주먹을 쥐고 입으로 가져간 다음 입김을 불어넣는 습관이 있었습니다. 현재 OGN의 해설자로 활동하고 있는 박태민 선수는 경기 전에 손톱을 바짝 자르는 습관을 가지고 있었습니다. 조병세 선수는 반대로 손톱을 자르지 않는다고 하니 재미있습니다. 필자에게는 경기가 시작되기 직전 아랫배가 아파오는 징크스가 있었습니다. 경기석에 들어서 카메라가 돌기 시작하면 갑자기 속이 쓰리는 겁니다. 경기 중에 화장실을 갈 수는 없는 법입니다. 참고 게임에 집중하면 이내 증상이 없어졌습니다. 만에 하나를 대비해서 경기 전에는 밥도 잘 먹지 않았습니다. 경기가 끝나면 긴장이 풀리면서 그렇게 배가 고플 수 없었습니다.

e스포츠에서 가장 유명한 징크스는 홍진호 선수의 2등 징크스입니다. 홍진호 선수는 프로게이머로 활동하면서 수많은 결승전에 진출했지만 매번 결승전에서 좌절을 맛보았습니다. 비공식 대회나 이벤트전에서는 많은 우승을 차지했지만 공식 경기의 결승전에서는 이상하리만큼 우승과 거리가 멀었습니다. 팬들은 2등 징크스를 유머로 승화시켜서 홍진호 선수 관련 글에는 같은 내용을 일부러 두 번 쓰기도 합니다. 불행 중 다행이라고 할까요? 홍진호 선수는 프로게이머를 은퇴하고 출연한 케이블 방송 서바이벌 프로그램에서 우승을 차지했습니다. 이때도 홍진호 선수는 우승하지 못할 것이라는 예측이 많았습니다. 이유는 단순했습니다. 그의 2등 징크스 때문이었습니다.

SK텔레콤 이상혁 선수는 경기가 있는 날에는 일어나는 순간, 오늘 경기가 잘 풀릴지 아닐지 감이 온다고 말합니다. 그리고 그 직감은 대부분 맞아떨어진다고 덧붙였습니다. 같은 팀 배준식 선수는 플레이할 챔피언을 선택하기 전에 쉔, 아무무, 트런들이라는 챔피언을 번갈아가며 선택합니다. 그는 OGN의 이현우 해설자가 선수 시절 즐겨 플레이했던 챔피언들을 한 번씩 고른 다음 최종적으로 플레이할 챔피언을 결정하면 승률이 높아져서 기분 좋은 징크스로 생각한다고 밝혔습니다.

홍진호 ⓒ 박승현

징크스를 긍정적인 측면으로 바라볼 것인지 부정적으로 바라볼 것인지는 오롯이 선수의 마음가짐에 달려 있습니다. 나쁜 징크스를 본인의 힘으로 극복하는 것도 중요하지만 징크스에 휘둘리지 않는 멘탈을 유지하는 게 더 중요합니다. 팬들의 입장에서 징크스는 경기를 바라보는 새로운 재미를 더해주는 관전 요소입니다. 툭, 선수들이 징크스를 넘어설지 아닐지에 주목해서 경기를 보면 흥미롭게 e스포츠를 즐길 수 있습니다. 경기 외적으로 살펴볼 수 있는 부분들이 많으면 많을수록 e스포츠는 더욱 풍성해집니다.

프로와 아마추어의 경계에서 : 당신도 프로게이머가 될 수 있다

프로게이머는 게임을 해서 돈을 버는 직업입니다. 프로게이머와 아마추어의 차이는 기업과 계약을 맺고 공식 리그에 출전하느냐 마느냐로 쉽게 구분할 수 있습니다. 종목마다 규정이 조금씩 다르지만 일반적으로 프로게이머가 되기 위한 제약 조건은 없습니다. 리그 오브 레전드 리그 규정에 "참가 팀은 만 17세 이상의 선수만 경기에 출전할 수 있다"라는 나이 제한만 있을 뿐입니다.

프로는 실력과 연봉으로 자신의 가치를 증명합니다. 기량이 출중하다면 누구나 프로게이머가 될 수 있습니다. 대부분의 게임은 게임상에서 실력에 따라 순위를 매기는 랭크 시스템을 도입하고 있고 프로게이머들은 모두 상위권에 랭크되어 있습니다. 만약 게임을 좋아하는 아마추어가 어느 날 득도를 해서 랭킹 1위로 올라선다면 곧바로 여러 게임단으로부터 스카우트 제의를 받게 될 겁니다. 집에서 e스포츠를 관람하는 시청자에서 하루아침에 직접 경기에 참여하는 프로게이머로 발돋움할 수 있습니다.

우리나라 선수들을 포함해서 해외 선수들까지 국내 서버에서 랭킹 게임을 하기 때문에 아마추어가 갑자기 이들을 제치고 상위권에 올라서는 일은 잘 일어나지 않습니다. 하지만 최고의 선수 중에서 아마추어 때부터 유명하지 않았던 선수는 거의 없습니다. 이윤열, 최연성, 이영호, 이제동, 이상혁 등 내로라하는 선수들은 모두 될성부른 떡잎이었습니다. 본인이 프로게이머로서 자격이 있는지 없는지 시험해보고 싶다면 몇 개월 정도 시간을 들여서 프로게이머가 연습하듯이 게임을 해볼 것을 추천합니다.

프로가 실력으로 모든 것을 말한다고 하지만 프로게이머가 되고 나서부터는 실력이 전부가 아닙니다. 팀원들과 잘 어우러질 수 있어야 하고 단체 생활에도 적응해야 합니다. 연습도 자유롭게 할 수 없습니다. 팀에서 정한 일정에 맞추어 연습에 임해야 합니다. 남을 배려할 줄 아는 마음가짐과 자신을 낮출 수 있는 겸손한 자세도 갖춰야 합니다. 여기에 감독, 코치, 동료 선수, 팬을 존중할 줄 아는 미덕이 필요합니다. 일반 직장인이 사회생활을 하는 데 필요한 덕목들이 모두 필요한 셈입니다. 이런 요소들을 갖춘 선수들은 실력이 조금 부족하더라도 금방 실력을 키우고 많은 팬들의 사랑을 받으며 오랫동안 선수 생활을 지속할 수 있습니다.

홍진호 선수는 프로게이머를 희망하는 후배들에게 이렇게 조언합니다. "게임에 올인할 수 있다면 시작해도 좋다. 하지만 어중간한 생각으로 게임에 임할 것이라면 아예 시작하지 않는 것이 낫다." 누구나 프로게이머가 될 수 있지만 아무나 프로게이머가 될 수는 없습니다. 프로게이머를 꿈꾼다면 자신이 진정으로 프로게이머로 성공할 수 있을지, 게임 이외 다른 것들을 포기할 준비가 되었는지 스스로 질문해보기 바랍니다.

프로게이머가 말하는 프로게이머

부스에서 헤드셋을 끼고 집중하는 프로게이머의 모습을 보면 한번쯤 프로게이머가 되는 상상을 하게 됩니다. 누구나 게임 실력만 있으면 프로게임단으로부터 입단 제의를 받을 수 있습니다. 학벌, 집안, 배경 등은 필요 없습니다. 많은 청소년들이 프로게이머를 동경하고 그들처럼 되기 위해 PC를 켭니다. 이들이 그토록 희망하는 프로게이머는 자신의 직업을 어떻게 평가할까요?

'2016년 e스포츠 실태조사'에 따르면 프로게이머들은 대부분 본인의 직업에 만족하는 것으로 나타났습니다. 설문 조사에 응한 42명의 프로게이머들은 수입 만족도 76%, 인식 만족도 86%, 생활 만족도 76%로, 보통 수준 이상의 만족감을 보였습니다. 자신이 좋아하는 일을 직업으로 가질 수 있다는 점은 큰 장점입니다. 또래 친구들보다 일찍 돈을 벌 수 있기에 부러운 시선을 한 몸에 받을 수도 있습니다. e스포츠에 대한 전망을 예측하는 질문에서도 선수들의 86%가 "밝을 것"이라고 응답했습니다. e스포츠와 프로게이머에 대한 사회적 인식은 점점 나아지고 있습니다.

반면 프로게이머가 되었기 때문에 감수해야 하는 부분들도 있습니다. 아침에 눈을 뜨는 순간부터 밤에 잠이 들 때까지 게임만 하는 것은 가장 힘든 일입니다. 식사 시간과 화장실에 갈 때를 빼고는 컴퓨터 앞에 앉아서 연습을 해야 합니다. 아무리 좋아하는 게임이라고 해도 하루 종일 하다 보면 지치기 마련입니다. 게임을 하는 과정에서 받는 스트레스도 이겨내야 합니다. 프로 선수이기에 경기에서 지거나 실책을 했을 때는 감독, 코치의 거친 비판도 받아들여야 합니다. 패배한 선수 본인이 가장 기분이 나쁘겠지만 그런 상황에서도 다른 사람의 이야기를 경청할 수 있어야 합니다. 손목, 목, 허리 디스크, 안구 건조증은 프로게이머에게 따라오는 직업병입니다.

미래에 대한 불안감은 선수들의 가장 큰 고민거리입니다. 선수들은 불투명한 미래, 군 복무로 인한 경력 단절 혹은 불가피한 은퇴, 고용 불안정 등으로 정신적인 압박을 받습니다. 군대는 언제 가야 할지, 언제까지 프로게이머를 할 수 있을지, 프로게이머를 그만두면 어떤 일을 해야 할지 걱정합니다. 이윤열 선수는 "게임을 그만두고 다른 일을 했을 때 경력을 인정받을 수 없어서 힘들었다"고 말했으며 오버워치 프로게이머 김민수 선수는 프로게이머에 대해 "아무런 수입도 없고 하루하루가 막막한 백수 생활일 수도 있다"고 밝혔습니다.

선수들의 자녀가 프로게이머를 하겠다고 하면?

만약 자녀가 프로게이머를 하겠다고 하면 선수들은 어떤 반응을 보일까요? 프로게이머로 활약했으니 자녀에게 냉정한 조언을 해줄 수 있을 것 같습니다. 임요환 선수는 "내가 감독을 해서 지도해주겠다. 최적의 환경에서 게임을 할 수 있도록 도와주겠다"라고, 홍진호 선수는 "프로게이머가 재미있는 게임을 매일 하기 때문에 좋은 직업이라고 생각하지간 얻는 것보다 잃는 게 많다. 자녀가 의지가 강하다면 생각해보겠지만 가능하면 안 했으면 좋겠다"라고 대답했습니다. 이현우 해설자는 "게임을 잘하기만 한다면 프로게이머만큼 좋은 직업이 없는 것 같다. 재능만 있다면 밀어줄 의향이 있다"고 말합니다. 필자는 게임에 대한 재능과 열정이 있으면 프로게이머에 도전해도 좋지만 학업도 같이 병행하라고 말해주고 싶습니다.

프로게이머는 자신과의 싸움을 끊임없이 반복해야 하는 직업입니다. 경기력은 온전히 자신에게 달려 있습니다. 외부의 환경이 어떠하든 자신에게 집중할 수 있는 프로게이머는 좋은 선수가 될 수 있습니다. 호수 위에 고고하게 떠 있는 백조는 수면 아래에서 두 다리를 쉴 새 없이 휘젓습니다. 오늘도 프로게이머는 보이지 않는 수면 아래에서 두 손을 부지런히 움직이고 있습니다.

프로게이머는 왜 부스 안에서 게임을 할까

e스포츠는 경기장을 찾아온 관람객의 편의를 생각하고 좀 더 재미있게 경기를 볼 수 있도록 경기장에서도 중계를 들을 수 있게 했습니다. 상대 팀 선수가 무엇을 하는지 정확하게 알 수 없는 e스포츠의 특성상 중계가 선수에게 들리면 경기의 흐름에 영향을 미칠 수 있습니다.

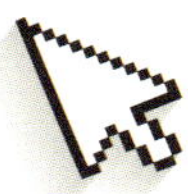

프로게이머는
왜 부스 안에서 게임을 할까

e스포츠와 다른 스포츠를 비교하면서 e스포츠만의 독특한 특징을 짚어보면 재미있는 부분이 참 많습니다. 경기를 보면 선수들이 투명한 유리 상자 같은 곳에 들어가서 게임을 하는 모습을 볼 수 있습니다. 이 유리 상자를 '부스' 또는 '타임머신'이라고 합니다. 일반적으로 부스라고 하지만 현실과 분리된 게임 속 공간으로 들어간다는 의미에서 타임머신이라는 별칭이 붙었습니다. 왜 선수들은 답답하게 부스 안에서 게임을 하는 걸까요?

e스포츠는 다른 스포츠와 다르게 현장에서 중계진의 목소리를 생생하게 들을 수 있습니다. 축구 경기를 집에서 지켜보는 시청자는 소파에 편하게 앉아 경기를 관람하면서 해설도

듣습니다. 반면 축구 경기장에 찾아간 팬들은 해설을 듣기 위해서는 이어폰을 끼고 라디오 주파수를 맞춰야 합니다. 야구, 농구, 배구 등 다른 스포츠도 마찬가지입니다.

e스포츠는 경기장을 찾아온 관람객의 편의를 생각하고 좀 더 재미있게 경기를 볼 수 있도록 경기장에서도 중계를 들을 수 있게 했습니다. 상대 팀 선수가 무엇을 하는지 정확하게 알 수 없는 e스포츠의 특성상 중계가 선수에게 들리면 경기의 흐름에 영향을 미칠 수 있습니다. 따라서 선수들의 경기석에는 별도의 유리 방음벽이 설치되어 있고 중계가 들리지 않도록 합니다. 이 방음벽을 부스라고 합니다.

e스포츠 초창기에는 경기장에서 해설을 들을 수 없었습니다. 서울 코엑스에서 경기가 주로 치러지던 시절, 선수들이 경기를 할 때는 엄숙함이 가득했습니다. 중계진의 목소리를 들으려면 이어폰을 껴야 했고 선수들의 경기장은 마우스와 키보드 소리만 요란했습니다. 간혹 중요한 장면이 나오거나 치열한 교전이 벌어질 때면 팬들은 숨죽이고 있다가 환호성을 크게 질렀습니다.

이런 팬들의 함성이 경기에 영향을 미치기도 합니다. 팬들은 응원하는 선수가 위험에 처했을 때 안타까운 마음에 탄성을 터뜨렸고 선수들은 팬들의 소리를 듣고 경기 중에 어떤 상

1998년 당시 MBC게임의 부스 ⓒ Kai Hendry

황인지 짐작할 수 있었습니다. 실제로 한 선수의 유닛들이 상대 선수가 파놓은 덫을 향해 걸어가고 있는데 팬들의 함성 소리가 나는 순간 경로를 바꾸어 함정을 피하기도 했습니다. 이는 경기의 승패를 좌우할 정도로 큰 영향을 미쳤습니다.

이를 안 좋은 말로 '귀맵'이라고 합니다. 상대방의 플레이를 훤히 볼 수 있는 해킹 프로그램인 '맵핵'을 빗대어 귀로 하는 해킹이라고 귀맵이라는 용어가 생긴 것입니다. 방송사에서는 귀맵을 막기 위해 선수들이 경기를 할 때는 정숙해달라고 팬들에게 요청했지만 경기에 몰입한 관객들에게 조용히 하라는 말은 경기장에 찾아오지 말라는 뜻과 같았습니다. 팬들 입장에서는 그저 즐겁게 경기를 관람하고 싶은 건데 입을 떼지 못하고 경기를 봐야 한다는 것은 문제가 되었습니다.

이에 방송사는 경기장을 신설하면서 방음벽이 설치된 부스를 마련했습니다. 부스에 들어가서 출입문을 닫으면 바깥에서 나는 소리가 거의 들리지 않습니다. 물론 아무리 부스 안에 있다고 해도 모든 소리를 막아주지는 못합니다. 캐스터가 큰 소리로 말하거나 팬들이 단체로 응원하는 소리는 미세하게 들립니다. 그래서 선수들은 헤드셋을 끼고 게임 음향을 듣습니다. 경기에 집중하기 시작하면 밖에서 무슨 말을 하는지 들리지 않습니다. 이렇게 '귀맵' 문제는 완벽하게 해결되었고 이후로 귀맵이라는 말을 볼 수 없게 되었습니다. 선수들은 관객들의 반응에 신경 쓰지 않고 온전히 집중할 수 있게 되었습니다. 팬들 역시 현장에서 중계를 들으면서 마음 편히 경기를 관람할 수 있게 되었습니다. 단순해 보이는 부스에 이런 사연이 담겨져 있다니 놀랍지 않나요?

프로게이머 중에는 미남이 많다? : 대기실 이모저모

경기에 집중한 프로게이머의 모습이 멋있다고 느낀 적이 있나요? 어떤 일이든 무언가에 집중하고 몰입하는 사람에게는 프로다움이 물씬 느껴져서 경외감이 생깁니다. 프리킥을 준비하는 축구 선수의 얼굴에는 진지함과 엄숙함이 묻어납니다. 포수와 사인을 주고받고 와인드업을 하는 투수의 자세에서는 공 하나하나의 무게가 느껴집니다. 프로 선수들이 경기에 온전히 집중했을 때 발산하는 에너지는 관객들을 매료시킵니다. 선수들의 이러한 모습을 직접 보기 위해 팬들은 경기장을 찾습니다.

선수들의 집중한 모습에서도 매력을 느낄 수 있지만 선수 자체가 호감을 불러일으키는 경우도 많습니다. 멋진 외모는 선수의 인기 요인으로 작용하고 팬들을 경기장으로 더 모이게 만듭니다. 프로게이머 중에는 잘생긴 선수가 참 많습니다. 선수를 선발할 때 외모를 고려하는 팀도 있습니다. 같은 실력이라면 아무래도 준수한 외모를 가진 선수가 유리합니다. 선수들의 멋진 외모는 e스포츠에 여성 팬들을 유입시켰고, 이는 e스포츠가 대중적으로 성장하는 데 도움이 되었습니다.

선수들의 외모가 빛나는 데는 경기석을 비추는 눈부신 조명과 메이크업이 톡톡한 역할을 합니다. 선수들은 보통 경기가 시작되기 2시간 정도 전에 경기장에 입장합니다. 규정상 경기 시간 전에 도착해야 하는 것도 있지만 경기가 시작되기 전까지 외모를 점검하고 경기석에서 손을 풀기 위함입니다.

선수들은 보통 대기실 근처에서 메이크업을 받습니다. 방송에 깨끗한 얼굴을 비추기 위해 기본적인 화장을 합니다. 연예인이 방송 전에 메이크업을 받는 것과 같습니다. 선수들은 밤샘 연습으로 생긴 뾰루지와 흉터를 가리고 피부를 단장합니다. 그리고 헤어스타일을 정리합니다. 남자의 얼굴은 헤어스타일이 좌우한다고 했던가요? 스타일리스트는 선수의 머리카락에 왁스를 바르고 스프레이를 뿌려서 정돈해줍니다. 이렇게 단장한 선수의 외모는 빛나는 조명을 받으며 카메라를 통해 시청자에게 비춰집니다.

메이크업을 받는 일 이외에도 선수들은 대기실에서 긴장을 풀고 경기에 잘 임하기 위해 마음을 가다듬습니다. 가벼운 간식을 먹거나 음료수를 마시면서 굳은 몸을 풉니다. 선수들끼리 경기에 대한 의견을 주고받기도 하면서 경기가 시작되기를 기다립니다. 스태프가 경기석에 입장하라는 사인을 보내기 전까지 선수들은 대기실에서 편안하게 휴식을 취합니다. 중계진은 대기실에 있는 선수들을 만나 지난 경기에서 있었던 일을 물어보기도 하고 오늘 경기에 임하는 자세에 대해 간단히 인터뷰를 진행하기도 합니다.

다전제에서는 한 경기가 끝나면 쉬는 시간이 있는데, 이때도 대기실에서 휴식을 취할 수 있습니다. 한 경기가 끝나고 다음 경기가 시작되기까지 십여 분 동안 대기실에서 전 경기를 분석하고 다음 경기의 전략을 논의합니다. 감독과 코치는 짧은 시간 동안 선수들에게 피드백을 아끼지 않고 이전 경기는 잊을 수 있도록 격려합니다. 대기실은 선수들에게 경기장 안에서 유일하게 긴장을 풀 수 있는 장소입니다. 대기실을 어떻게 활용하느냐가 승패와 연결된다고 하면 너무 과한 이야기일까요?

우주복에서 기능성 티셔츠로 : 유니폼 변천사

프로 스포츠 선수들은 경기에 참여할 때 유니폼을 입습니다. 유명 선수이든 무명 선수이든, 실력이 뛰어나든 아니든 모든 선수들은 후원 기업의 로고가 들어가 있는 유니폼을 입고 경기에 임합니다. 길거리에서 볼 수 있는 편한 복장을 하고 경기에 참여하는 선수는 없습니다. 프로 골퍼들은 모자와 액세서리마저 기업의 로고가 들어간 용품을 착용합니다. 선수들은 유니폼을 통해 기업을 홍보합니다. 선수들 한 명, 한 명은 기업을 대표하는 이동식 광고판이나 마찬가지입니다.

프로게임단은 대부분 팀의 유니폼으로 신축성이 좋은 티셔츠를 선정합니다. 선수들이 몸을 움직이기 편하고 땀을 잘 흡수하며 가벼운 소재로 만들어진 경우가 많습니다. 만약 유니폼이 몸에 착 달라붙은 레깅스 같은 재질이라면 몇 게임만 해도 땀범벅이 될 것입니다. 선수들은 곧 지쳐버리고 당장이라도 옷을 벗고 싶을 겁니다. 선수들의 몸매를 감추기 위해서라도 이런 유니폼은 피해야 합니다.

처음부터 유니폼이 티셔츠처럼 편한 옷은 아니었습니다. 초창기 e스포츠에서는 '우주복'이라고 부르는 유니폼을 입었습니다. 방송국에서 자체 제작한 유니폼으로 무게가 상당한 특수 제작한 옷이었습니다. 여기저기 주렁주렁 장식물이 달려 있어 마치 우주에 전투를 하러 나가는 미래 전사 같은 분위기의 복장이었습니다. e스포츠의 모태인 스타크래프트가 우주 전쟁을 기반으로 하는 게임이다 보니 유니폼도 이러한 콘셉트를 살려서 제작한 것입니다. 팬들 입장에서는 선수들이 이런 유니폼을 입고 경기하는 모습이 근사했겠지만 선수들 입장에서는 곤욕스럽기 그지없었습니다. 안 그래도 긴장되어 몸이 굳은 상태에서 무거운 유니폼을 몸에 두르고 게임을 하는 것은 신경 쓰이는 일이었습니다.

시간이 지나고 비닐 소재의 유니폼으로 바뀌었습니다. 하지만 이 역시 불편하긴 마찬가지였습니다. 뜨거운 조명을 받으며 게임을 하다 보면 땀이 비 오듯이 흐르는데, 비닐 유니폼은 땀을 흡수하지 못하기 때문입니다. 통풍이 되지 않아 게임

중간에는 마치 사우나에 온 것 같은 착각이 들기도 했습니다. 더구나 유니폼이 몇 벌 되지 않아 다음 경기를 하는 선수는 이전 경기에서 다른 선수가 입었던 유니폼을 입어야 했습니다. 화장실 구석에서 축축하게 젖어 있는 유니폼으로 갈아입을 때는 다른 사람의 진한 땀 냄새를 견뎌야 했고, 유니폼을 입자마자 땀을 흘려야 했습니다.

　게임단이 기업의 후원을 받고 난 뒤 선수들은 드디어 자기 유니폼을 가질 수 있었습니다. 디자인도 세련되어졌을 뿐만 아니라 통기성이 좋은 소재로 제작되었습니다. 여름에는 민소매 복장의 유니폼을 입는 팀도 있었고, 겨울에는 재킷 형태의 유니폼을 착용하는 팀도 있었습니다. 서로 상대 팀의 유니폼을 보며 부러워하기도 했습니다. 지금은 모든 선수들이 세련되고 편한 유니폼을 입습니다. 유니폼에는 메인 스폰서의 로고가 잘 보이는 곳에 새겨져 있으며, 메인 스폰서 이외에도 서브 스폰서의 로고가 여럿 들어갑니다. 선수들의 옷에 어떤 기업의 로고가 있는지 살펴보는 것도 하나의 재미가 될 수 있습니다.

승리한 선수의 표정이 어두운 까닭은?

e스포츠 경기를 유심히 지켜보면 이상한 점을 발견할 수 있습니다. 선수들이 게임에서 이기든 지든 감정을 잘 드러내지 않는다는 점입니다. 가끔은 승리한 선수가 패배한 선수보다 표정이 좋지 않을 때도 있습니다. 경기를 끝낸 선수들의 표정만 보면 누가 이겼는지 졌는지 짐작할 수 없을 때가 많습니다. 팬들은 의아합니다. 게임에서 이겼으면 누구보다 선수 본인이 기쁠 텐데 정작 선수의 표정은 별로 바뀌지 않습니다. 승리했다고 방방 뛰거나 기쁨을 주체하지 못해 세레머니를 하는 선수는 거의 없습니다.

다른 스포츠와 비교하면 차이가 확연하게 드러납니다. 축구에서 골을 넣은 선수는 감정을 숨기지 않습니다. 입고 있던 유니폼을 벗고 빙빙 돌리면서 운동장을 질주하는 선수도 있고 앞구르기, 옆 구르기를 하는 선수도 있습니다. 너무 기쁜 나머지 관중석에 달려가서 팬들 품에 안기기도 하고 준비한 세레머니를 선보이기도 합니다. 야구에서는 투수가 삼진을 잡거나 타자가 홈런을 치면 누구보다 좋아하고 동료들도 격려를 아끼지 않습니다. 만약 멋진 플레이를 보여준 선수가 울상을 짓고 있으면 모두 이상하게 생각할 것입니다.

유독 e스포츠에서 승자의 환호성과 세레머니를 보기 힘든 이유는 무엇일까요? 모든 선수들이 내성적이라서 그런 걸까요, 집중해서 게임을 한 탓에 얼굴 근육이 굳어버려서 그런 걸까요? 선수들 중에는 활발한 선수들도 많고 거친 운동을 좋아하는 선수들도 많습니다. 프로게이머가 세레머니에 인색한 이유는 우리나라 유교 문화와 e스포츠의 발전사가 어우러져서 만들어진 일종의 경기 문화 때문입니다.

e스포츠 초기 스타크래프트 대회는 방송국 스튜디오에서 진행되었습니다. 경기에 참여하는 선수들 사이의 거리는 고작 몇 미터밖에 되지 않았습니다. 몇 걸음만 걸으면 바로 상대 선수에게 갈 수 있었습니다. 승리한다고 한들 상대 선수의 얼굴이 바로 눈앞에 보이는 상황에서 기뻐하는 것은 예의가 아니었습니다. 게다가 스타크래프트가 1대1 경기이기 때문에

감정을 드러내기 더 어려웠습니다. 다른 스포츠는 동료들과 함께 기쁨을 나누거나 아쉬움을 달랠 수 있지만 e스포츠에서는 그럴 수 없었습니다. 혼자서 기쁨을 감추거나 분을 삭여야 했습니다. 경기에서 이겼다고 솔직하게 기쁨을 표현하지 않는 것이 상대를 배려하는 일종의 불문율이 되었습니다.

물론 모든 선수가 그런 것은 아니었습니다. 일부 선수들은 승리의 기쁨을 대놓고 드러내고 상대 선수를 조롱하기도 했습니다. 이는 경직된 e스포츠에 엔터테인먼트적인 요소를 가미해서 새로운 활기를 불어넣을 수 있다는 의견과 더불어 패배한 상대 선수의 입장을 고려하지 않는 무례한 행위가 될 수 있다는 비판을 동시에 가져왔습니다. 팬들의 비판을 무시할 선수는 없었습니다. 몇몇 선수로 인해 잠깐 반짝였던 e스포츠의 세레머니는 점점 자취를 감추었습니다.

지금은 모든 상황이 변했습니다. e스포츠의 주류 종목이 개인전에서 단체전으로 바뀌었습니다. 상대 팀 선수와는 물리적으로 분리된 부스에서 경기가 진행되고 승리를 거두면 함께 얼싸안고 기쁨을 나눌 수 있는 동료들이 바로 옆 자리에 있습니다. 팬들도 선수들이 승리했을 때 기쁨을 나누는 모습을 보고 싶어 합니다. 2015년 롤드컵 결승에서 선수 소개를 할 때 등장한 SK텔레콤 이상혁 선수의 앞구르기는 큰 화제가 되었습니다. 상대 팀을 비하하는 행동이 아닌 이상 경기에 승리했을 때 선수들이 마음 놓고 기뻐했으면 좋겠습니다. 여기에 세레머니까지 준비해서 보여준다면 더없이 즐거운 관람을 할 수 있을 것입니다.

e스포츠가 한 발자국 더 발전하기 위해서는 선수들의 감정 표현이 좀 더 자유로워져야 합니다. 경기에 승리한 다음 주먹을 불끈 쥐고 팬들을 향해 함성을 지른다거나 세레머니를 보여주면 좋겠습니다. 경기 준비로 바쁜 선수들에게 무리한 요구가 될지도 모르겠지만 e스포츠의 성장을 위해 한번쯤 고민해볼 부분이라고 생각합니다.

군인에게 총이 있다면
프로게이머에게는 마우스가 있다

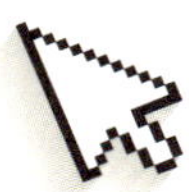

학창 시절 누구나 한번쯤은 교과서를 집에 두고 등교한 일
이 있을 겁니다. 요즘에는 교실마다 개인 사물함이 있어서 그
런 일이 덜하겠지만 필자가 학교를 다닐 때만 해도 매일 필요
한 준비물만 챙겨서 등교했습니다. 깜빡하고 준비물을 제대
로 챙기지 못하는 경우가 부지기수였습니다. 수업 시간이 되
어 교과서를 꺼내려는 찰나, 가방에 교과서가 없다는 사실을
알곤 허둥지둥하기 일쑤였습니다. 무서운 선생님이라면 더욱
그랬습니다. 다른 책을 몰래 펼쳐놓고 조마조마하게 있다가
발각되면 선생님은 꿀밤을 때리며 종종 이런 말씀을 하셨습
니다.

　"군인이 전쟁을 나가는데 총을 두고 가면 되겠어? 넌 맨손

으로 전쟁에 나간 군인이랑 똑같아. 정신 똑바로 차려."

군인이 총을 목숨처럼 중요하게 여기고 학생이 교과서를 잘 챙겨야 하듯이 프로게이머에게도 분신같이 중요한 물건이 있습니다. 바로 마우스와 키보드입니다. 선수들은 마우스와 키보드를 마치 자기 자식처럼 소중하게 생각합니다. 패션모델이 자기에게 꼭 맞는 옷을 골라 입는 것처럼 선수들은 자기 손에 딱 맞고 느낌이 좋은 마우스와 키보드를 사용합니다.

마우스를 왜 가지고 다녀요?

프로게이머는 경기에 나설 때 항상 본인의 마우스와 키보드를 지참합니다. 마우스와 키보드를 가지고 오지 않는 선수는 단 한 명도 없습니다. 임요환 선수는 선수 시절 모니터까지 가지고 다니기도 했으니 선수들의 장비 사랑은 주변의 혀를 내두르게 합니다.

왜 선수들은 경기장에 있는 마우스와 키보드를 사용하지 않고 본인의 장비를 사용할까요? 이는 최고의 기량을 선보이기 위해서입니다. 스타크래프트가 출시된 지 얼마 되지 않았을 때는 대회가 열리면 PC방에 놓여 있는 마우스와 키보드를 그대로 사용하는 유저들이 대부분이었습니다. 간혹 자기 마우스와 키보드를 가지고 온 선수가 있었지만 많은 사람들은 "이게 무슨 짓이냐, 오버 좀 하지 마"라며 비웃었습니다. 하지만 모든 선수들이 자기 마우스와 키보드를 지참하게 되기까지는 오래 걸리지 않았습니다. 축구 선수가 자기 발에 맞는 축구화를 맞춤 제작하거나 야구 선수가 본인의 손에 맞는 글러브를 착용하는 것과 같습니다. 오랫동안 사용해서 익숙해진 장비를 사용해야 제 기량을 100% 발휘할 수 있기 때문입니다.

프로게이머들은 마우스 감도에 상당히 민감합니다. 마우스 감도가 조금만 달라져도 경기력에 큰 영향을 미칩니다. 내가 원하는 곳에 재빨리 마우스를 움직여서 클릭을 해야 하는데 잘되지 않으면 게임이 제대로 풀리지 않을 것입니다. 필자는 선수 시절, 공식 경기 PC의 운영 체제가 윈도우98에서 윈도우XP로 바뀌면서 한동안 고생했습니다. 운영 체제에 따라 마우스 감도가 미세하게 바뀌어서 적응하는 데 수개월이 걸렸습니다. 이 기간에 슬럼프를 겪으면서 마우스를 몇 번이나 바꾸었는지 모릅니다.

선수들 중에는 본인의 마우스를 다른 사람이 만지는 것조차 싫어하는 경우도 있습니다. 다른 사람의 손때가 묻은 마우스를 만지면 곧바로 이질감이 느껴지기 때문입니다. 게임을 하지 않을 때는 먼지가 쌓이지 않도록 마른 천을 마우스 위에 덮어두기도 합니다. 마우스의 줄을 고정하기 위해 별도의 마우스 거치대를 사용하기도 합니다. 선수들이 하루 중에 가장 많이 접촉하는 물건인 마우스에 과도하게 집착을 하는 것은 프로게이머로서 당연한 일인지도 모르겠습니다.

마우스 변천사

e스포츠 초창기에는 다양한 마우스가 사용되었습니다. 선수들은 저마다 본인에게 맞는 마우스를 찾아 가지고 다녔습니다. 그런데 어느 순간부터 모든 선수들이 같은 마우스를 사용하기 시작했습니다. 아무도 같은 마우스를 쓰라고 강요하지 않았지만 선수들 사이에 일종의 유행이 번졌습니다. 점점 입소문이 퍼졌고 이 마우스는 품귀 현상을 보였습니다. 바로 마이크로소프트 볼마우스입니다. 당시에는 모든 선수들이 이 마우스 사용했기에 마우스를 가지고 오지 않은 선수는 다른 선수에게 마우스를 빌려서 경기에 임했습니다. 다른 브랜드의 모조품이 인기를 끌기도 했습니다.

시간이 지나면서 볼마우스는 인기는 점점 떨어지고 광마우스가 뒤를 이었습니다. 볼마우스는 볼이 들어 있어서 무거울 뿐 아니라 사용할 때마다 마우스 안쪽에 때가 끼어서 불편했습니다. 때를 벗겨내면 마우스 감도가 미세하게 달라지는 것도 문제였습니다. 광마우스는 이런 문제를 해결해주었습니

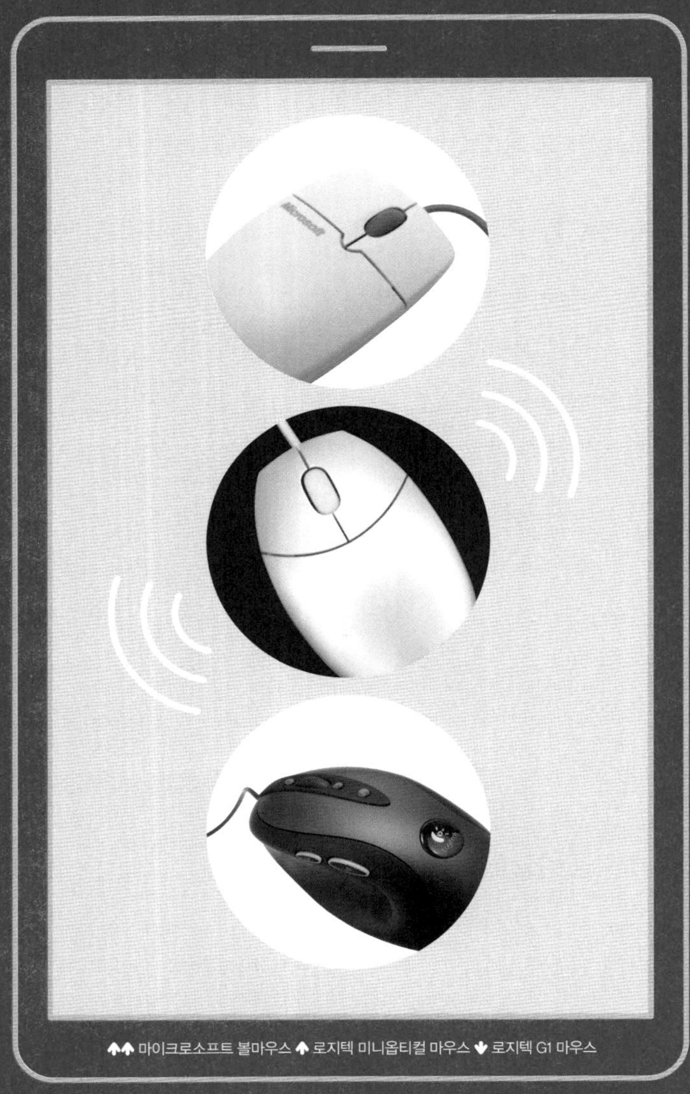

↑↑ 마이크로소프트 볼마우스 ↑ 로지텍 미니옵티컬 마우스 ↓ 로지텍 G1 마우스

다. 이전까지는 광마우스를 빠른 속도로 움직이면 커서가 순간적으로 튀는 현상이 있었습니다. 이는 프로게이머에게 허용할 수 없는 문제였습니다. 기술이 발전하고 커서가 튀는 현상이 해결되자 가볍고 늘 같은 감각을 유지할 수 있는 광마우스로 옮겨간 것입니다. 그중에서도 로지텍의 미니옵티컬 마우스가 선수들에게 가장 인기가 많았습니다.

오랫동안 선수들의 사랑을 받았던 로지텍 미니옵티컬 마우스의 인기도 식고 현재는 선수들마다 다양한 마우스와 키보드를 사용하는 추세입니다. 어떤 선수는 로지텍 G1을 사용하고, 어떤 선수는 레이저 광마우스를 사용합니다. 키보드도 제각각입니다. 기계식 키보드를 사용하는 선수도 있고 고전적인 키보드를 사용하는 선수도 있습니다. 장비의 춘츠전국시대가 도래했습니다.

비싼 축구화를 신고 고급스러운 글러브를 착용했다고 해서 반드시 훌륭한 기량을 선보일 수 있는 것은 아닙니다. 좋은 마우스를 사용한다고 해서 반드시 게임을 잘하는 것드 아닙니다. 하지만 본인에게 가장 잘 맞는 장비를 찾아내서 승리를 열망하는 모습에서 프로다움이 느껴집니다. e스포츠를 스포츠라고 부를 수 있는 이유는 이런 집요한 프로 정신이 밑바탕이 되었기 때문입니다.

이영호 선수가 경기장에 자를 들고 나타난 이유

선수들은 경기 시작 전에 본인의 마우스, 키보드, 헤드셋을 컴퓨터에 장착하고 준비를 합니다. 장비가 제대로 작동하는지 확인하고 본 경기가 시작될 때까지 몸을 풉니다. 일종의 워밍업이라고 볼 수 있는데 실전에서 최대한 기량을 끌어내기 위해 손을 풀고 몸을 예열합니다. 축구 선수가 경기에 나서기 전에 몸을 푸는 것과 유사합니다.

e스포츠에서 세팅의 중요성은 두말하면 잔소리입니다. 선수들은 연습실과 경기장의 환경을 최대한 동일하게 만들려고 합니다. 연습할 때만큼의 경기력 또는 그 이상을 발휘하기 위해서입니다. 그러니 최대한 꼼꼼하게 세팅을 점검합니다. 마우스와 키보드의 위치를 확인하고 마우스를 움직이는 도중에

전선이 꼬이지 않는지 세세하게 살펴봅니다.

스타크래프트를 가장 잘하는 선수이자 e스포츠를 주름잡았던 이영호 선수는 경기에 임할 때면 30센티 플라스틱 자를 가지고 다녔습니다. 키보드와 마우스 패드 사이의 간격을 정확하게 맞추기 위해서였습니다. 평소 연습할 때와 완벽하게 동일한 세팅을 위한 방법입니다.

키보드와 마우스 패드 간격이 몇 센티미터 가까워졌다 멀어졌다 하는 게 무슨 상관이 있느냐고 생각할 수도 있습니다. 하지만 선수들은 미세한 것 하나까지 놓치려고 하지 않습니다. 연습실의 환경과 정확하게 동일한 환경으로 만들기 위해 1mm의 오차도 허용하지 않는 것입니다. 이런 세팅 과정에서 연습실과 경기장이 동일한 장소라는 마인드 컨트롤을 합니다.

물론 세팅에 전혀 신경 쓰지 않는 선수들도 있습니다. 마우스와 키보드를 컴퓨터 본체에 연결하고 제대로 작동하는지만 확인하는 선수도 있습니다. 하지만 많은 선수들은 세팅을 굉장히 민감하게 준비합니다. 한국e스포츠협회는 컴퓨터, 모니터의 사양뿐 아니라 책상의 높이와 넓이 등 여러 항목들을 사전에 공지합니다. 선수들이 최고의 경기력을 발휘할 수 있도록 배려하는 것입니다.

선수 입장에서는 가능한 한 오래 세팅을 하고 싶을 것입니다. 충분하게 손을 풀수록 실전에서 매끄러운 플레이가 가능하기 때문입니다. 하지만 경기를 기다리는 팬 입장에서는 경기가 빨리 진행되기를 바랄 뿐, 세팅 시간이 길어지기를 바라지 않습니다. 어떤 선수는 너무 오래 세팅을 한 나머지 '방망이 깎는 노인'을 빗대어 '마우스 깎는 노인'이라는 핀잔을 들었습니다. 선수 입장에서는 원하는 대로 마우스가 움직이지 않으니 세팅에 많은 시간을 할애할 수밖에 없었겠지만 경기를 제때 보지 못하는 팬들은 초조하게 기다릴 수밖에 없었습니다.

결국 세팅은 오래했지만 실제 경기는 몇 분 되지 않는 일들을 겪으면서 세팅 시간도 규정으로 정해졌습니다. 선수들 입장에서는 억울할지도 모르겠지만 정해진 시간에 준비를 마치는 연습을 하는 것도 프로다운 자세가 아닐까 생각합니다.

최근에는 세팅이 한결 편해졌습니다. 리그 오브 레전드의 경우 한 팀당 3판 2선승씩 총 3시간의 시간이 배정됩니다. 하루에 두 경기가 진행되는 경우에는 5시, 8시에 정확하게 경기가 시작됩니다. 경기 시간이 정해져 있으니 선수들은 경기 시작 전까지 미리 마음껏 경기 준비를 할 수 있습니다. 선수들이 경기에서 승리하기 위해 최선을 다하는 것은 실제 경기 때만

이 아닙니다. 경기를 준비하는 과정도 승리를 향해 앞으로 나아가는 묵직한 발걸음입니다. 경기는 세팅부터 시작되는 것입니다.

선수들이 경기에서 채팅을 하지 않는 이유

인터넷의 도래와 함께 등장한 채팅은 우리 생활에 밀접한 영향을 준 소통 도구입니다. 채팅을 소재로 만든 영화와 소설이 인기를 끌었고 컴퓨터와 스마트폰이 보급되면서 입이 아닌 손으로 소통하는 시대가 되었습니다.

게임 속에서도 많은 유저들이 채팅으로 서로 의견을 주고받고 전략과 전술을 공유합니다. 채팅을 하지 않고 마우스와 키보드 조작만으로도 간단한 신호를 보낼 수 있지만 정확하게 의사를 표현하려면 채팅을 해야 합니다. 간혹 게임이 잘 풀리지 않을 때는 유저들 사이에 싸움이 벌어지기도 합니다. 빠른 속도로 할 말을 쏟아내다 보면 어느새 게임은 뒷전이 됩니다. 여러모로 게임과 채팅은 떼려야 뗄 수 없는 관계입니다.

그러나 e스포츠 경기에서는 선수들이 채팅으로 소통하지 않습니다. 너무 바쁜 나머지 채팅을 할 시간도 없고 할 필요도 없기 때문입니다. 선수들은 헤드셋에 연결된 마이크를 통해 음성으로 소통합니다. 합숙 생활을 하며 동고동락하기에 연습을 할 때도 채팅보다는 말로 의견을 주고받습니다. 상대 팀 선수와 대화하기 위해서는 채팅을 해야 하지만 경기 중에 채팅은 금지되어 있습니다. 채팅으로 상대방을 조롱하거나 현혹하는 행위는 비신사적인 행위이며 선수 본인과 e스포츠 전체의 품격을 해치는 일입니다. 전국의 시청자들이 보는 앞에서 개인적인 이야기를 할 수도 없습니다.

채팅을 할 일이 없기도 하지만 규정상 금지된 이유에는 또 다른 배경이 있습니다. 2005년 4월 스타크래프트 듀얼 토너먼트에서 임요환 선수는 채팅을 통해 심리전을 벌였습니다. 본진이 아주 좁은 콘셉트의 전장이었는데 임요환 선수는 본진 바깥에 몰래 건물을 짓는 전략을 시도하면서 콘진이 좁다는 의미의 말을 건넸습니다. 문준희 선수는 심리전에 휘둘렸는지 임요환 선수의 전략을 늦게 파악해 패배하고 말았습니다. 이에 경기 중에 채팅을 허용해야 하는지 아닌지 논의가 이어졌고 경기 외적인 요소가 개입될 수 있는 채팅은 금지되었습니다. 선수들이 할 수 있는 채팅은 경기 포기를 선언하는

"GG(Good Game)"밖에 남지 않았습니다.

일반 유저들의 게임 속에서 채팅은 반드시 필요한 소통의 도구이지만 e스포츠 경기에서 채팅은 볼 수 없게 되었습니다. 다른 스포츠에서는 선수들끼리 몸싸움을 하고 난 다음에 거친 욕설을 하거나 삿대질을 합니다. 심판이 보지 않는 틈을 타서 거친 몸싸움을 시도하거나 모욕적인 언행을 하기도 합니다. e스포츠는 상대 선수와 몸을 부딪칠 일이 없습니다. 선수들이 상대 선수들과 대화할 수 있는 기회는 경기가 시작되기 전과 끝나고 난 이후밖에 없습니다. 가끔은 선수들끼리 채팅을 주고받던 옛날 그 시절이 그리울 때도 있습니다.

프로게이머는 은퇴 후에 무엇을 하나요?

불세출의 명작, 스타크래프트의 대성공은 e스포츠라는 새로운 문화를 창조했습니다. 20년밖에 되지 않는 짧은 e스포츠 역사에서 많은 게임들이 출시되었고 e스포츠의 반열에 올라서는 게임이 있었던 반면 소리 소문도 없이 잊히는 게임도 있었습니다.

형만 한 아우 없다: 스타크래프트2

불세출의 명작, 스타크래프트의 대성공은 e스포츠라는 새로운 문화를 창조했습니다. 20년밖에 되지 않는 짧은 e스포츠 역사에서 많은 게임들이 출시되었고 e스포츠의 반열에 올라서는 게임이 있었던 반면 소리 소문도 없이 잊히는 게임도 있었습니다.

스타크래프트에 이어 블리자드에서 야심차게 출시한 워크래프트3는 절반의 성공을 거두었습니다. 워크래프트3는 세계적으로 큰 인기를 끌었지만 우리나라에서 스타크래프트만큼 인기를 구가하지는 못했습니다. 2D 게임에서 3D 게임으로 진화한 워크래프트3는 개성 넘치는 네 가지 종족과 우수한 게임성을 바탕으로 많은 이들의 관심을 받았습니다. 프로게이머들도 스타크래프트와 워크래프트3를 병행해 연습했지만 이내 스타크래프트에 집중하는 선수가 많았습니다. 워크래프트3가 스타크래프트가 가지고 있는 위상을 뛰어넘지 못했기 때문입니다.

몇 년 후 블리자드는 스타크래프트2를 출시할 예정이라고 발표했고, 2009년 지스타를 통해 화려하게 그 모습을 드러냈습니다. 게임을 하기 위해서는 긴 줄을 서야 했고, 개발자들의 시범 경기는 팬들의 기대를 모았습니다. 정식 출시되기 전에 오류를 확인하고 서버의 안정성을 점검하기 위한 '베타테스터'의 신청이 폭주했습니다. 스타크래프트2는 워크래프트3와 달랐습니다. 스타크래프트의 스토리를 그대로 계승했으며 테란, 저그, 프로토스의 세 종족도 그대로 유지되었습니다. 그래픽은 눈에 띄게 좋아졌고 조작 방법은 편리해졌습니다. 스타크래프트2가 e스포츠에 새로운 활력을 불어넣을 것이라는 전망이 많았습니다.

스타크래프트2가 출시되자 스타크래프트와 스타크래프트2 리그가 동시에 진행되었습니다. 선수들은 워크래프트3가 출시됐을 때처럼 두 게임을 병행했습니다. 이전어는 스타크래프트가 굳건한 자리를 지키고 있었지만 당시에는 스타크래프트도 하향 곡선을 그리고 있었습니다. 스타크러프트 공식

스타크래프트2

리그는 종료되었고 선수들은 스타크래프트2로 종목을 변경했습니다.

결과적으로 스타크래프트2가 스타크래프트만큼의 성공을 거둘 것이라는 예측은 빗나갔습니다. 스타크래프트2 프로리그는 2016년을 마지막으로 문을 닫았습니다. 스타크래프트2 프로게임단은 해체되었고 선수들은 은퇴하거나 해외로 진출했고 다른 후원사를 구해야 했습니다. 지금도 스타크래프트2는 국내와 국제 대회가 꾸준히 개최되고 있고 많은 사랑을 받고 있는 게임임은 틀림없습니다. 그러나 우리나라에서는 많은 사람들의 기대에 부응하지 못하고 아쉬운 모습을 보여주었습니다.

스타크래프트2가 e스포츠의 대부로 자리 잡지 못한 이유

스타크래프트2가 e스포츠의 대부로 자리 잡지 못한 원인에는 몇 가지 이유가 있습니다.

첫째, 대중성 확보 실패와 경쟁 게임에 우위를 내준 점입니다. 모든 게임의 성패는 대중성을 갖추느냐 못 갖추느냐에 달려 있습니다. 많은 유저들이 즐기는 게임이어야 성공할 수 있습니다. 아무리 잘 만든 게임이어도 유저의 관심을 끌지 못하면 팔리지 않습니다. e스포츠도 마찬가지입니다. 다수의 사람이 관람하는 게임이 인기를 얻을 수 있습니다. 경기를 시청하는 사람이 많으려면 그 게임을 하는 사람이 많아야 합니다. 결국 게임의 대중화는 e스포츠 성공과 직결되는 열쇠입니다.

하지만 스타크래프트2는 그러지 못했습니다. 스타크래프트에 비해 게임을 배우고 숙달하기 어려웠습니다. 조작 방법은 편해졌지만 게임은 편하지 않았습니다. 게임이 시작되는 순간부터 끝날 때까지 한순간도 긴장의 끈을 놓을 수 없었습니다. 한 번의 실수가 패배로 직결되는 경우가 많았습니다. 게임 화면이 2D에서 3D로 바뀌면서 전투 장면은 이해하기 어려워졌고 박진감도 떨어졌습니다. 스타크래프트2는 높은 진입 장벽과 난이도로 인해 대중의 사랑을 받지 못했습니다.

반면 리그 오브 레전드는 유저들의 입소문을 타고 세력을 점점 넓혀가고 있었습니다. 사람들은 국내 서버가 없어서 북미 서버를 찾아가서 게임을 즐길 정도였습니다. 리그 오브 레전드는 대중의 폭발적인 관심을 받으며 e스포츠의 중심 자리를 차지했습니다.

둘째, 중계권 논란입니다. 스타크래프트 제작사인 블리자드와 한국e스포츠협회는 스타크래프트 중계권을 놓고 오랫동안 공방전을 벌였습니다. 블리자드는 지적재산권을 주장하며 "자사의 동의 없이 중계권을 통한 수익 사업은 용인할 수 없다"라는 입장이었고 협회는 "블리자드가 한국 e스포츠의 발전 노력을 무시한 것이며 중계 수익은 e스포츠의 발전에 재투자된다"고 밝혔습니다.

2007년부터 시작된 논란은 2011년까지 이어졌고, 2010년 스타크래프트2 출시 시점에도 갈등은 진행 중이었습니다. 결국 스타크래프트2 중계권은 인터넷 기업인 곰TV에서 가져갔고 경기 시청을 위해 컴퓨터를 켜고 해당 사이트에 접속해야 했습니다. 시청자들은 불편을 감수해야 했고 기존에 기반을 탄탄히 다져놓은 방송사는 스타크래프트2를 중계하지 못했습니다. 협회 소속 프로게이머들이 초기 대회에 참여하지 않아 반쪽짜리 리그라는 우려도 나왔습니다. 게임사, 협회, 방송국에서 협력해 스타크래프트2를 홍보해야 할 시점이었지만 톱니바퀴의 이는 맞물리지 않고 계속 삐걱거렸습니다. 팬들은 이러한 상황에 피로감을 느꼈고 스타크래프트2에 대한 관심도 덩달아 떨어지고 말았습니다.

셋째, 승부 조작으로 인한 이미지 훼손입니다. 스타크래프트 승부 조작 사건은 e스포츠에 커다란 충격을 주었습니다. 프로게이머들의 순수한 열정으로 가득했던 곳이 비리로 얼룩지고 말았습니다. 팬들을 e스포츠에 등을 졌고 스타크래프트2에도 좋지 않은 영향을 주었습니다.

승부 조작, e스포츠에 아물지 않는 상처를 남기다

2010년 5월 16일, e스포츠를 송두리째 흔들어버린 사건이 발생했습니다. 프로게이머들이 승부 조작을 벌였다는 뉴스였습니다. 불법 사이트에서 경기의 승패를 맞춰 거액의 돈을 벌어들인 사람이 있었고, 여기에 프로게이머가 직접적으로 연루되었다는 소식이었습니다. 검찰은 "경기에 출전한 선수가 직접 승부 조작에 가담한 초유의 사태"라고 밝혔습니다. e스포츠 업계는 날벼락을 맞은 나무처럼 휘청거렸습니다.

처음에 뉴스를 접했을 때는 말도 안 되는 소리라고 생각했습니다. 프로 선수가 자존심까지 버려가며 승부를 조작하다니요. 최고의 선수가 되기 위해 프로게이머가 되고 승부의 세계에 뛰어들었을 텐데 말입니다. 프로게이머들의 긍지와 자부심을 잘 알고 있기에 쉽게 믿을 수 없는 일이었습니다. 더 놀라운 건 승부 조작의 주동자가 마재윤 씨라는 점이었습니다.

마재윤 씨는 e스포츠 역사에 획을 그은 위대한 선수였습니다. 한 번 오르기도 어려운 MBC게임 스타크래프트 리그 결승전에 5회 연속 진출이라는 대기록을 세웠고 도든 리그와 경기를 휩쓸었던 그야말로 당대 최고의 선수였습니다. 그는 다른 선수들이 보지 못하는 무언가를 보는 듯했습니다. 전장을 한 차원 넓게 활용하고 소수의 병력을 적재적소에 배치했습니다. 큰 힘을 쓰지 않고도 부드럽게 상대방을 제압했고 마치 두 사람이 함께 플레이하는 것 같은 느낌마저 들었습니다. 귀신같은 운영 솜씨에 매료된 팬들은 그에게 마에스트로, 스타크래프트의 지휘자라는 별명을 선사했습니다. 이런 그가 승부 조작의 주범이었기에 e스포츠 업계에 미친 영향은 상상 이상이었습니다.

무너진 공든 탑

스타크래프트 리그가 중심이었던 e스포츠는 곧바로 크게 흔들렸습니다. 게임단을 후원했던 기업들이 하나둘씩 발을 뺐습니다. 스타리그와 프로리그는 메인 스폰서를 구하지 못해 발을 동동 굴렀습니다. 선수들의 희망이었던 공군에이스는 해체 수순을 밟았습니다. 팬들은 선수들에게 실망한 나머지 경기장을 찾지 않았습니다. 1세대 프로게이머들이 힘들게 쌓아 올린 공든 탑은 너무나도 힘없이 무너졌습니다.

무엇보다 안타까운 점은 대중에게 e스포츠의 부정적인 이미지를 각인시켰다는 것입니다. 게임 문화를 좋지 않게 생각했던 사람들은 승부 조작 사건을 보며 코웃음을 쳤습니다. "저것들이 무슨 프로라고", "게임 하는 애들이 다 저렇지 뭐"라며 e스포츠와 선수들을 비하했습니다. 승부 조작 사건 이후 필자가 가장 많이 들었던 말 중 하나는 "너도 승부 조작에 관여했냐?"라는 질문이었습니다. 전혀 몰랐다는 대답을 하면서도 왜 이런 질문을 받고 대답해야 하는지 분하고 안타까웠습니다. 지금도 간혹 프로 경기에서 일방적인 승부가 나면 커뮤니티에 승부 조작이 아니냐는 농담 섞인 댓글이 달립니다. 밤새도록 전략을 짜고 최선을 다해 연습하는 선수들의 노고가 '혹시 승부 조작이 아닐까?'라는 의심을 불러일으킬 수도 있다는 게 너무나도 안타깝습니다.

결국 스타크래프트 공식 리그는 2012년을 마지막으로 끝이 났습니다. 물론 승부 조작 사건 하나만으로 리그가 종료된 것은 아닙니다. 스타크래프트 게임 자체의 수명이 다해가고 있었고 리그 오브 레전드, 스타크래프트2 같은 경쟁 게임의 출시도 영향을 주었습니다. 그러나 승부 조작 사건은 도든 것을 다 뒤덮어버릴 정도로 스타크래프트의 하향세에 가장 큰 영향을 주었습니다.

사실 아직도 잘 믿겨지지 않습니다. 어렵게 정상의 자리에 올라서서 부와 명예를 모두 차지한 선수가 승부 조작에 관여했다는 게 믿어지지 않습니다. 마재윤 씨는 승부 조작으로 200만 원을 벌었다고 자백했는데, 연봉 1억 원이 넘는 선수가 고작 몇 백만 원을 벌기 위해 승부 조작에 가담하다니 이해할 수 없었습니다. 훗날 그는 개인 방송을 통해 자초지종을 밝혔습니다.

"제가 번 돈을 어머니가 관리하고 있었는데, 어머니가 그 돈을 다 탕진하고 많은 대출까지 받았습니다. 돈을 갚기 위해 승부 조작의 유혹에 넘어갔습니다."

이를 그대로 받아들인다고 해도 그가 한 짓이 없어지는 것은 아닙니다. 마재윤 씨는 한국e스포츠협회로부터 영구 제명당했고, 개인 방송에서도 더 이상 게임을 할 수 없도록 제재를 받았습니다. 그가 쉽게 벌어들이려고 했던 몇 백만 원은 e스포츠 업계 사람들에게는 돈으로 환산할 수 없을 정도의 큰 아픔을 남겼습니다.

스타크래프트2 승부 조작 사건

스타크래프트 승부 조작의 상처가 조금씩 아물어갈 때쯤, 스타크래프트2에서 승부 조작 사건이 터졌습니다. 2016년 4월, 이승현 씨와 몇 명의 선수들이 승부 조작에 가담했다는 혐의가 인정되었습니다. 이승현 씨는 마재윤 씨와 똑같이 정상의 자리에 올랐던 선수입니다. 역사는 반복되는 것일까요. 스타크래프트2 프로게임단은 대부분 해체되었고, 프로리그는 폐지 수순을 밟았습니다. 팬들은 또다시 허무함을 느껴야만 했습니다.

승부 조작은 선수들이 활동할 수 있는 근간을 흔들어놓습니다. 승부 조작에 가담한 선수들이 프로게이머로서 활약할 수 있었던 이유는, 수많은 선배 프로게이머들과 관계자들의 노력으로 무대를 세운 덕분입니다. 선수들에게는 잘 가꾸어진 텃밭을 후배에게 물려줘야 하는 책임과 의무가 있습니다. 텃밭을 기름지게 만들어놓지는 못할지언정 망치는 것은 배은망덕한 행위입니다. 이 사실을 잊지 않으면 좋겠습니다. 다시는 승부 조작이 반복되지 않기를 진심으로 바랍니다.

투아웃은 없다 :
프로게이머 인성 논란

선수들은 프로게이머로 데뷔하는 순간 e스
포츠를 대표하는 얼굴이 됩니다. 그들의 일
거수일투족은 인터넷 커뮤니티를 통해
확대 재생산됩니다. 선수들의 행동 하
나하나가 모여 e스포츠
의 큰 이미지가
만들어 집니다.

히어로즈 오브 더 스톰 제이나

프로 선수가 되었다
면 본인의 행동이 미칠 영향에 대해 생각해보고
그에 대한 책임을 질 수 있어야 합니다.

　선수들의 부적절한 행동은 그들의 발목을 잡

습니다. 과거에 했던 욕설이 논란이 되면서 팬들의 비난을 받는 경우가 많습니다. 조금 유명해진 선수가 동료들을 무시하는 일도 생깁니다. 합숙 생활에 적응하지 못하고 남을 배려하지 않는 선수들도 있습니다. e스포츠에서 두 번의 커다란 승부 조작과 여러 가지 구설수가 끊이지 않는 이유는 선수들의 성품과 태도 때문입니다. 프로게이머에게 필요한 가장 중요한 자질은 인성일지도 모르겠습니다.

선수들은 대부분 중고등학생 때 게임에 빠져 10대 후반 프로게이머로 데뷔합니다. 보통 20대 중반이 되면 팀에서 가장 나이가 많은 선수가 되고 은퇴를 고려해야 할 시점이 됩니다. 축구, 농구 등 다른 스포츠와 비교하면 평균 연령대가 낮습니다. 어리고 혈기왕성한 선수들은 감정을 조절하는 데 익숙하지 않고 여러 유혹에 쉽게 빠질 수 있습니다. 게임에 몰입한 상태에서 패배하면 나도 모르게 욕이 나옵니다. 사회생활이 익숙하지 않아 같은 팀 선수들과 융화되는 것도 쉽지 않습니다. 감독과 코치가 어린 선수들을 이끌고 지도하지만 모든 선수들을 훈육할 시간은 충분하지 않습니다.

이에 한국e스포츠협회는 선수들이 슬기롭게 활동할 수 있도록 꾸준히 교육을 진행합니다. 선수들은 소양 교육을 통해 승부 조작이 미치는 악영향, 바른 SNS 이용법, 공인으로서 가져야 할 덕목 등을 배웁니다. 하지만 교육 횟수가 1년에 1~2회로 적어 효과가 지속되기 어렵습니다. 선수들의 나이가 어린 만큼 교육 횟수를 늘리고 팀 자체적으로도 별도 교육이나 단체 활동을 장려해야 합니다.

프로게임단에서는 선수를 선발할 때 인성을 잘 살펴야 합니다. 과거에 심각한 문제를 저지르지는 않았는지, 타인의 말을 귀담아 듣는지, 자기 관리는 철저한지, 프로게이머로서 임하는 마음가짐은 어떠한지 충분히 검증해야 합니다. 필요하면 합숙 면접을 통해 동료들과 얼마나 잘 융화되는지 확인해 볼 수 있습니다. 게임 실력도 중요하지만 인성이 먼저입니다. 인성이 부족한 선수를 응원하는 팬은 없습니다.

프로게이머는
은퇴 후에 무엇을 하나요?

프로게이머의 수명은 다른 스포츠에 비해 짧습니다. 야구 선수는 10년 이상 활동하는 선수가 많지만 프로게이머는 짧게는 1년, 길게는 5년 정도밖에 선수 생활을 하지 못합니다. 임요환 선수를 필두로 많은 선수들이 30대 프로게이머의 꿈을 실현하기 위해 노력했지만 전성기만큼의 실력을 보여주지 못했고 결국 은퇴를 선언하고 말았습니다.

프로게이머의 수명은 왜 짧은 걸까요? 경력이 오래되면 오래될수록 경험이 누적되고 더 좋은 모습을 보여줄 수 있을 것 같은데 말입니다. 그러나 e스포츠에서는 이러한 공식이 통하지 않습니다. 보통 선수들이 프로게이머로 데뷔할 때는 순수하게 게임이 좋아서 하루 종일 게임만 생각하고 게임에 모든 것을 쏟아냅니다.

실력은 일취월장하고 경기에서 승리하면서 자신감을 얻고 성장에 탄력이 붙습니다. 하지만 끝없이 성장할 수 있는 선수는 없습니다. 쓰라린 패배를 경험하기도 하고 깊은 슬럼프에 빠지기도 합니다. 이내 군대 문제와 불투명한 미래에 대한 고민을 하게 됩니다. 군 입대는 당연히 수행해야 하는 의무이지만 프로게이머에게는 치명적인 걸림돌입니다.

선수들이 슬럼프를 겪을 때는 특히 불안한 미래에 대한 걱정이 싹틉니다. 언제까지 선수로 활동할 수 있을지 모른다는 고민에 빠지기 시작하면 기량에 악영향을 끼칩니다. 정신적인 부담은 자신감 하락으로 이어지고 열심히 하는데도 좋은 성과가 나오지 않게 됩니다. 게다가 어리고 번뜩이는 재능을 지닌 후배들이 자신의 자리를 차지하기 위해 호시탐탐 기회를 노리고 있습니다. 승부의 세계는 냉혹합니다. 항상 승리할 수 있다면 그보다 좋은 일이 없겠지만 승자가 있으면 패자도 있습니다. 패배가 누적되면 게임단에서는 그 선수를 기용할 수 없습니다.

'2016년 e스포츠 실태조사 및 경제효과 분석' 보고서에 따르면 설문 조사에 응답한 42명의 프로게이머의 연령은 10대가 57.1%, 나머지 42.9%는 20대로 나타났습니다. 이처럼 대부분의 선수들이 10대 후반에서 20대 초반에 걸쳐 프로게이머로 활약하고 은퇴를 고민합니다. 그들은 청춘을 게임과 e스포츠에 걸었습니다. 그들 중에 성공하는 선수들도 있지만 빛을 보지 못하는 선수들도 있습니다. 선수들은 프로게이머를 은퇴한 이후에 어떻게 살아갈까요?

감독, 코치, 해설자의 길로

선수 시절에 좋은 성적을 거두고 많은 경험을 쌓은 선수들은 감독, 코치, 해설자의 길로 갑니다. e스포츠가 성장하고 팀 단위 경기가 대세가 되면서 감독, 코치에 대한 수요도 느는 추세입니다. 이들은 e스포츠 업계에서 계속 활약하며 본인의 경력을 만들어나갑니다. 반면 e스포츠와는 전혀 관계가 없는 일을 하는 선수들도 많습니다. 일반 기업에 취직하거나 사업을 하거나 드물지만 연예계로 진출하는 선수도 있습니다.

최근에는 프로게이머의 새로운 미래 직업으로 스트리밍이 떠올랐습니다. 많은 선수들이 스트리밍을 통해 제2의 삶을 살아가고 있습니다. 김택용, 송병구, 이영호, 이제동, 김정우 등 스타크래프트를 주름잡았던 선수들은 모두 개인 방송을 시작했습니다. 본인의 게임 플레이 화면을 보여주는 게 주요 콘텐츠입니다. 다른 유저의 경기를 해설하거나 선수 시절에 있었던 에피소드를 풀어내기도 합니다. 팬들은 이들에게 기부를 통해 후원금을 보냅니다. 프로게이머로 활약하던 시절에 받았던 연봉보다 더 많은 수입을 거두는 선수들도 있습니다. 게임밖에 모르는 선수들이 프로게이머를 그만두고 할 수 있는 일이 많지 않는 현실에서 개인 방송은 본인의 경력을 살리면서 돈을 벌 수 있는 새로운 통로가 되었습니다.

물론 선수들이 30대나 40대가 되어서도 스트리밍을 통해 높은 수입을 거두기는 어려울 것입니다. 본인의 스트리밍이 계속해서 큰 인기를 구가하리라는 보장도 없습니다. 선수들은 여전히 불안한 미래에 대한 고민을 계속합니다. 하지만 개인 방송은 선수들에게 오랜 시간 동안 좋아하는 게임을 할 수는 기회를 제공해주었습니다.

영어 교육을 받을 수 있도록 지원하는 프로게임단

선수들의 미래는 본인 스스로 개척하고 찾아나서야 하겠지만 게임단과 한국e스포츠협회의 지원도 필요합니다. 프로게이머를 그만둔 선수가 다른 직업을 구하는 데 도움을 주거나 게임 산업계에서 일할 수 있도록 장치를 마련하는 것입니다. 선수들에게 미래를 위한 대비를 미리 할 수 있도록 지원하는 일도 중요합니다.

진에어 프로게임단은 선수들이 영어 교육을 받을 수 있도록 지원하고 있습니다. 조현민 부사장은 "e스포츠는 글로벌 콘텐츠이고 선수들의 해외 진출은 선택이 아닌 필수다. 향후 선수를 마친 후에 다양한 분야에 진출하기 위해서라도 게임만 잘해서는 안 된다. 국내외 상급 학교 진학을 위해서 필요한 교육도 전폭적으로 지원할 예정이다"라고 말했습니다. 선수 본인이 미래를 위해 노력하고 주변에서 도와줄 수 있는 장치가 확충된다면 프로게이머들은 게임을 그만둔 뒤에도 다른 곳에서 좋은 모습을 보여줄 수 있을 것입니다.

여성리그의 부활은 시기상조인가

e스포츠의 커다란 장점 중 하나는 남녀노소 누구나 즐길 수 있다는 점입니다. 마음만 먹으면 누구나 집에서, PC방에서 게임에 접속하고 플레이할 수 있습니다. 그러나 실제 e스포츠 경기에는 남성 프로게이머밖에 보이지 않습니다. 프로게이머라고 하면 20대 초반 남성이 헤드셋을 낀 채로 마우스와 키보드를 조작하는 이미지가 먼저 연상됩니다.

야구, 축구, 농구와 같은 스포츠와는 다르게 e스포츠에서는 신체 조건이 중

오버워치 디바

요하지 않습니다. 근육이 부족하거나 체격이 왜소해도 아무런 문제가 없습니다. 두 손만 움직일 수 있으면 누구나 e스포츠를 즐길 수 있습니다. 축구와 농구는 기본적으로 몸싸움이 동반되는 스포츠입니다. 체격이 좋지 않으면 밀고 들어오는 상대의 힘에 맞서 버틸 수 없습니다. 상대적으로 키와 몸집이 크고 체격이 좋은 남성이 여성보다 유리합니다. 따라서 축구와 농구는 남성 리그와 여성 리그가 나뉘어 있고, 시청자들도 이를 당연하게 생각합니다.

e스포츠를 멘탈 스포츠라고 부르기도 하지만 빠르고 정확한 손놀림 같이 육체적인 자질도 무시할 수는 없습니다. 우리 눈에 보이지는 않지만 빠른 두뇌 회전도 마찬가지입니다. 바둑과 비교해보면 좀 더 이해하기 쉽습니다. 바둑은 몸을 쓰는 일이 거의 없습니다. 자리에 앉아서 조용히 돌을 잡고 바둑판 위에 올려두는 게 전부입니다. 바둑은 그야말로 두뇌 싸움의 정점을 찍는 경기라고 할 수 있습니다. 이런 바둑에서도 정상급에 오르는 기사는 대부분 남성입니다. 중국의 루이나이웨이 9단과 같이 정상급 남성 기사를 상대로 대등한 모습을 보여주는 여성 기사들도 있었지만 대부분 남성 기사가 정상의 자리를 차지하고 있습니다. 육체적인 부분이 거의 없다고 봐도 무방한 바둑에서조차 남성 리그와 여성 리그가 동시에 진

행됩니다.

바둑과 비교해서 상대적으로 육체적인 움직임이 많이 가미되는 e스포츠에서 남성이 정상에 오르고 대회도 남성 리그 위주로 진행되는 것은 일견 이해되는 부분입니다. 현재 e스포츠에 공식 여성 리그는 진행되고 있지 않습니다. 간혹 여성 리그가 개최되기도 하지만 단발성에 그칠 뿐입니다. 여성 프로게이머가 당당하게 설 무대는 없습니다.

e스포츠의 대중화와 발전을 위해서는 여성 리그가 진행되어야 한다고 생각합니다. 과거 스타크래프트가 성장하던 시기에는 여성 리그가 꾸준하게 개최되었습니다. 김가을, 김영미, 이종미 선수 등이 활약하며 좋은 모습을 보여주었지만 곧 폐지되고 말았습니다. 팬들은 여성 프로게이머에게 관심을 보였지만 경기력 측면에서 남성 리그와 비교하면 아쉬운 점이 많았습니다. 서지수 선수처럼 남성 프로게이머를 상대로도 값진 승리를 거두어 화제를 모으는 경우도 있었지만 장기적으로는 큰 성과를 거두지 못했습니다.

그럼에도 불구하고 e스포츠의 미래를 위해서는 여성 리그가 필요합니다. 성별에 관계없이 가족 구성원 모두가 즐길 수 있는 문화로 발전하기 위해서는 남녀 모두 참여할 수 있는 경기가 많아져야 합니다. 실제로 경기장에 찾아오는 팬들 중에는 남성 팬보다 여성 팬이 더 많으며 여성 팬들은 훨씬 적극적으로 응원에 참여합니다. 먼 훗날에는 여성 리그가 남성 리그보다 더 많은 인기를 끌지도 모릅니다. 장기적인 관점에서 여성 리그를 육성하는 정책을 검토해야 합니다. e스포츠의 목표는 남녀노소 모두가 즐길 수 있는 축제의 장을 마련하는 것이기 때문입니다.

e스포츠를 즐기기 위한 에티켓

2017년 4월, 10대 청소년들이 게임 핵 프로그램을 제작하고 판매해 총 1억 4,000만 원을 챙긴 혐의로 경찰에 체포되었습니다. 핵 프로그램을 사용하면 마우스를 대충 조작해도 자동으로 상대 캐릭터의 급소를 조준하는 일명 '헤드샷'이 가능합니다. 움직이는 상대에게 정확하게 헤드샷을 성공시키기란 아주 어려운 일이지만 핵을 사용하면 간단하게 헤드샷을 쏠 수 있습니다. 많은 유저들은 달콤한 유혹에 빠진 나머지 지갑을 열었습니다.

게임과 e스포츠가 하나의 문화로 자리 잡으면서 긍정적인 측면과 함께 부정적인 부분도 함께 자라났습니다. 잘못된 점을 돌아보고 개선한다면 좀 더 건전한 게임, e스포츠 문화를 만들어갈 수 있을 것입니다.

핵이 게임을 병들게 만든다

리그 오브 레전드는 오랫동안 핵 프로그램인 '헬퍼'에 시달렸습니다. 헬퍼는 유저의 움직임을 보조해주는 프로그램으로, 프로그램을 실행하면 상대의 기술을 저절로 피할 수 있습니다. 인간의 반응 속도라고는 믿을 수 없는 컨트롤도 심심치 않게 볼 수 있습니다. 일본 애니메이션 〈사이버 포뮬러〉에 나오는 '알자드'가 레이서를 지배해서 자동으로 주행하는 것처럼 헬퍼는 유저의 챔피언을 조종해서 마치 기계처럼 움직이게 만듭니다.

스타크래프트부터 오버워치까지 모든 인기 게임은 핵 프로그램으로 홍역을 앓았고 일반 유저들이 고스란히 피해를 입었습니다. 핵을 방지하는 패치가 나오면 다시 이를 뛰어넘는 핵이 나오는 술래잡기가 이어집니다. 핵이 성행하면 유저들은 제대로 된 게임을 즐길 수 없습니다. 게임 도중 상대방이 뛰어난 플레이를 보여주면 핵을 사용하는 게 아닐까 하는 의심을 불러일으킵니다. 게임을 하면 어차피 핵을 사용하는 상대를 만날 테니 흥미가 떨어지고 '나도 핵을 사용해볼까'라는 유혹에 빠집니다. 악순환이 반복되면서 유저의 수는 줄어듭니다.

대리 게임, 상대를 희롱하는 플레이

대리 게임처럼 실력 차이가 많이 나는 상대방과 경기를 펼쳐서 상대를 희롱하는 유저들도 있습니다. 계정의 등급을 올리기 위해 돈을 주고 대리 게임을 신청하는 것은 상대방을 업신여기는 처사입니다. 이들은 양의 탈을 쓴 늑대처럼 들판에 나타나서 상대방을 유린합니다. 유저들은 일방적인 패태를 되풀이하면서 빠른 속도로 게임에 대한 흥미를 잃습니다

게임은 물론 재미로 즐기는 것이지만, 패배할 재보다 승리할 때가 훨씬 기분이 좋습니다. 승리하기 위해서는 나의 실력을 키우는 방법도 있지만 나보다 못하는 사람을 찾아서 게임을 하는 방법이 있습니다. 후자를 선택해서 자기보다 못하는 사람을 상대로 농락하는 행위는 근절되어야 합니다.

선수를 향한 비하와 멸시

선수들에 대한 악의적인 비방도 문제입니다. 능숙하게 인터넷을 활용하는 악성 네티즌들은 선수들이 조금이라도 실수를 하면 악성 댓글을 달면서 험담을 늘어놓습니다. 선수들은 돈을 받고 게임을 하는 프로입니다. 경기에서 잘못이나 실수를

하면 당연히 질책과 비판을 받아 마땅합니다.

그러나 선수를 응원하는 마음으로 비판을 하는 것과 비난을 위한 비난을 하는 것은 구별할 필요가 있습니다. 선수들은 대부분 10대 후반에서 20대 초반입니다. 정신적으로 여린 선수들은 악성 댓글로 인해 씻을 수 없는 상처를 받습니다. 별생각 없이 쓴 글이 남에게는 비수로 다가올 수 있다는 점을 명심해야 합니다.

게임사는 핵 프로그램과 대리 게임을 근절하기 위해 꾸준히 업데이트를 하고 경계 시스템을 강화합니다. 선수들은 과도한 인신공격에 명예훼손으로 법적인 처벌을 요청하기도 합니다. 외부에 의한 규제가 강하면 강할수록 건전한 게임 문화를 만드는 데 도움이 될지는 모릅니다.

그러나 이런 규제들이 본질적인 해결 방안은 아닙니다. 게임을 플레이하는 유저 한 명, 한 명의 성숙한 의식이 필요합니다. 내가 하는 행동으로 인해 상대방이 어떤 기분을 느낄지, 반대의 입장이 되었을 때 어떤 기분이 들지 조금만 생각해보면 답을 찾을 수 있습니다. 모두가 원칙과 규칙을 준수했을 때 공정한 경쟁을 할 수 있습니다. e스포츠를 오래도록 재미있게 즐기기 위해 필요한 것은 딱 하나, 배려밖에 없습니다.

e스포츠, eternal (영원한) 스포츠를 향해

e스포츠가 생겨나고 20년이라는 시간이 지났습니다. 그동안 여러 일들이 있었습니다. 끝을 알 수 없는 급성장과 더불어 존폐의 위기에 놓일 때도 있었습니다. 팬들은 선수들의 경기에 울고 웃으며 추억을 만들었습니다. 어느새 e스포츠라는 문화는 우리 곁을 함께하는 친구처럼 자리를 잡았습니다. PC방은 하나의 놀이터가 되었고 e스포츠는 대한민국을 대표하는 문화 콘텐츠가 되었습니다. 이제 e스포츠가 좀 더 으랜 시간 동안 고공비행하기 위한 방법에 대해 논의해볼 때가 되었습니다.

종목의 영속

첫째, 종목의 영속이 필요합니다. 앞서 e스포츠의 약점으로 더 재미있고 새로운 게임이 계속 출시된다는 점을 들었습니다. 스타크래프트가 아무리 완벽한 게임이라고 해도 시간이 지나면 스타크래프트보다 더 훌륭한 게임이 출시됩니다. 스포츠 종목이 시간이 지나면 사라질 수 있다는 것은, 모든 불확실성이 생기는 원인입니다. 프로게이머들은 불안합니다. 본인이 잘하는 게임이 있는데, 이 게임이 언제 없어질지 모른다고 생각하면 게임에 집중할 수 없습니다. 팬들은 팬들대로 염려합니다. 본인이 응원하는 선수가 다른 종목에 적응하지 못하는 모습을 보고 싶지 않습니다. 실제로 스타크래프트에서 스타크래프트2로 종목을 옮기는 과정에서 많은 선수들이 게임을 그만두었고, 스타크래프트를 잘하는 선수가 모두 스타크래프트2도 잘했던 것은 아니었습니다.

야구와 축구는 시간이 지나도 야구와 축구입니다. 어렸을 때 봤던 야구와 지금 보는 야구는 다르지 않습니다. 야구장은 항상 사람들로 가득하고 학생 때 경기장을 찾았던 팬들이 시간이 지나 배우자와 자녀와 함께 야구장을 찾아옵니다. 화려한 플레이를 보여주던 선수들은 지도자의 길로 들어섭니다. 라이벌이었던 선수들이 지도자로 다시 경기를 펼치기도 합니다. 오랜 시간 변하지 않고 그 자리에 있는 스포츠는 점점 더 대중적인 인기를 얻고 사람들의 삶에 꾸준한 활력소가 됩니다.

e스포츠도 그렇게 될 수 있습니다. 리그 오브 레전드가 큰 인기를 얻고 있지만 아직 7년밖에 되지 않은 종목입니다. e스포츠를 창조한 스타크래프트도 10년이 지나자 힘을 잃고 말았습니다. 스타크래프트를 반면교사로 삼아서 리그 오브 레전드가 10년 후, 20년 후에도 사람들이 즐겨 볼 수 있는 e스포츠가 되도록 만들어야 합니다. 제작사인 라이엇 게임즈는 이러한 비전을 가지고 운영하고 있고 끊임없이 자기 진화를 계속하고 있습니다. 새로운 챔피언이 추가되고 밸런스 패치가 지속적으로 이루어져 게임에 생기를 불어넣습니다. 가장 놀라운 것은 게임의 그래픽이 나날이 좋아진다는 점입니다. 스타크래프트는 시대를 쫓아가지 못하는 그래픽이 성장의 발목을 잡았습니다. 현재 기술과 동떨어진 화면은 신규 유저의 유입을 막았습니다. 만약 스타크래프트 리마스터가 10년 전에 출시되었다면 흥행에 큰 도움이 되었을 것입니다.

리그 오브 레전드는 그래픽 업데이트를 통해 나날이 게임 화면을 보정합니다. 출시 초기 그래픽과 지금 그래픽을 비교하면 하늘과 땅만큼 차이가 나기에 큰 발전을 이루었다는 사실을 알 수 있습니다. e스포츠에 대한 투자도 아끼지 않습니다. 리그에 참여하는 선수들은 2부 리그 선수까지 지원금을 받을 수 있습니다. 유명한 선수들은 높은 연봉을 받을 수 있지만 처음부터 많은 연봉을 받는 선수는 없습니다. 선수가 기본적인 생활을 할 수 있도록 최저 연봉제를 도입했고, 스킨 및 와드 판매 수익의 일부분을 대회 상금으로 활용합니다. 최근 급부상한 오버워치도 리그 오브 레전드의 선례를 참조해 장기적인 안목으로 e스포츠 중심 종목으로 발전시켜야 합니다.

지역 연고제를 도입

둘째, 지역 연고제를 도입해야 합니다. 야구, 축구에는 지역 연고제가 있지만 e스포츠에는 아직 지역 연고제가 없습니다. 모든 경기는 서울에서 진행됩니다. 가끔 이벤트성 경기가 지방에서 벌어지기도 합니다. 게임 박람회의 행사로서 분위기를 끌어올리기 위해 특설 무대에서 경기를 치르기도 하지만 대부분의 경기는 서울에서 열립니다. e스포츠의 주요 소비자인 10대나 20대 중에 지방에 사는 사람들은 경기를 직접 관람하기 어렵습니다. 지방에서 서울로 가서 경기를 관람하기에는 부담스럽습니다. 지방 팬들은 텔레비전과 스마트폰을 통해 경기를 볼 수밖에 없습니다.

　지역 연고제를 도입해 주요 지방에 경기장을 증축하고 많은 도시에서 경기를 관람할 수 있도록 해야 합니다. 지역 연고제는 장기적으로 봤을 때 해당 지역의 팬을 손쉽게 유입할 수 있게 만듭니다. 야구에서는 부산 하면 롯데, 서울 하면 두산, LG가 반사적으로 나옵니다. 부산 야구팬들은 태어나면서부터 롯데 팬이 됩니다. e스포츠도 가능합니다. 서울 SK텔레콤, 대전 KT, 부산 삼성처럼 지역과 게임단이 연계해서 전국을 들썩이게 만들 수 있습니다. 이를 위해 정부, 지방자치단체와 협력이 필요하고, 경기장 증축과 운영에도 많은 비용이 필요할 것입니다. 물론 지금 당장 지역 연고제를 도입하는 것은 시기상조일 수도 있습니다. 그러나 미래를 생각했을 때는 지역 연고제를 염두에 두어야 합니다.

프로게이머 출퇴근제

셋째, 프로게이머 출퇴근제를 검토해야 합니다. 합숙 시스템은 e스포츠 프로게임단의 가장 큰 특징입니다. 연습실과 숙소는 같은 공간으로 이루어집니다. 이를테면 커다란 주택에 거실은 컴퓨터가 있는 연습실로 사용하고 각 방은 침실로 활용하는 것입니다. 연습실과 숙소가 분리되어 있다고 하더라도 가까운 거리에 있는 경우가 많습니다. 프로게이머가 되면 합숙 훈련을 해야 합니다. 동료들과 함께 생활해야 연습의 효율이 높아지고 승리에 한걸음 가까워지기 때문입니다.

승리를 목표로 하는 합숙 시스템에는 큰 단점이 있습니다.

선수들은 먹고 자는 시간을 제외하고는 하루 종일 게임을 해야 합니다. 정해진 스크림이 끝나면 자연스럽게 개인 연습에 들어갑니다. 지인과 약속을 잡고 만나거나 다른 일을 할 수 있는 여유는 별로 없습니다. 프로게이머가 힘든 직업이라고 선수들이 밝히는 이유는 하루 종일 집중해서 연습을 해야 하기 때문입니다.

프로게이머가 일반 직장인처럼 오전 9시부터 연습을 시작해서 오후 6시가 되면 각자의 자유 생활을 즐길 수 있으면 좋겠습니다. 운동을 좋아하는 선수는 헬스장을 가고 연인을 만나고 싶은 선수는 데이트를 즐기러 갈 수 있습니다. 본인이 보충 연습을 더 해야겠다고 생각하면 직장인이 야근하듯이 남아서 좀 더 연습하면 됩니다. 일과 여가 생활의 경계를 분리할 수 있는 환경을 조성하는 것은 선수 생명 연장과 미래를 준비하는 데도 도움이 될 것입니다. 출퇴근제를 시행하면 결혼을 해도 선수 생활을 이어갈 수 있고, 본인이 배우고 싶은 게 있으면 여가 시간을 통해 습득할 수 있습니다. 연습 부족으로 인한 경기력 저하가 우려되지만 프로 선수들에게 하루 8시간은 적지 않은 연습 시간입니다. 적당한 휴식은 연습에 몰입할 수 있는 에너지를 줄 것입니다.

게임 중독을 예방하기 위한 팁

e스포츠를 즐기다 보면 나도 모르게 게임에 빠질 때가 많습니다. e스포츠를 시청하는 데 그치지 않고 컴퓨터를 켜고 게임을 실행하거나 PC방으로 달려가기도 합니다. 프로게이머들의 플레이에 감탄을 금치 못하고 오랜 시간 동안 게임을 즐기며 선수들의 플레이를 따라 하는 유저도 많습니다.

e스포츠를 미심쩍은 시선으로 바라보는 사람들도 있습니다. 그들의 걱정거리 중 하나는 e스포츠에 대한 친구 혹은 자녀의 관심이 게임 중독으로 이어지지 않을까 하는 점입니다. 게임은 e스포츠를 만들었고 e스포츠의 기반은 게임이기 때문에 e스포츠가 게임 중독에 일조하는 게 아니냐고 묻습니다.

게임 중독에는 아직 명확한 진단 기준이 없습니다. 프로게이머는 어느 누구보다 게임을 많이 하지만 그들에게 게임 중독자라고 말하는 사람은 없습니다. 오랜 시간 동안 게임을 즐겨도 아무런 지장 없이 일상을 보내는 사람들도 많습니다. 게임 중독은 게임을 나쁘게 생각하는 관점이 담긴 용어입니다. 게임 중독이라는 단어가 주는 부정적인 이미지를 해소하고 현상 자체만을 보기 위해 '게임 과몰입'이라는 말로 대체하고 있는 추세입니다. 어떤 용어를 쓰는가에 대한 논의도 중요하지만 우리 자신, 우리 자녀, 우리 사회를 위해 게임 과몰입이 나타나는 원인을 파악하고 이를 예방할 수 있는 방법을 고민하는 일이 더 시급한 과제일 것입니다.

게임의 가장 큰 장점이자 단점은 언제 어디서든지 손쉽게 할 수 있다는 것입니다. 야구와 축구 같은 스포츠를 즐기기 위해서는 넓은 운동장과 여러 사람이 필요합니다. 한 경기를 제대로 뛰면 온몸에서 땀이 흐르고 이내 녹초가 됩니다. 해가 뉘엿뉘엿 지면 공도 잘 보이지 않기 때문에 조명이 있는 경기장이 아닌 이상 일반적으로 밤에는 경기를 진행하기 어렵습니다. 신체적, 환경적 요인으로 인해 장시간 스포츠를 즐기는 데 물리적인 제약이 생기는 것입니다.

이에 반해 게임은 컴퓨터만 있으면 언제 어디서든지 하루 24시간 내내 마음껏 즐길 수 있습니다. 혼자서도 얼마든지 할 수 있고 육체적으로 큰 힘이 들지 않을뿐더러 머리 위에는 형광등이 환하게 빛나고 있습니다. 어떤 사람은 불을 끈 상태에서 모니터의 빛에 의존해 게임을 하기도 합니다. 게임을 하는데는 아무런 제약이 없는 것처럼 보입니다. 스마트폰과 태블릿 PC의 보급은 이러한 현상을 더욱 가속화시키고 있습니다.

마음만 먹으면 온종일 게임을 할 수 있다는 점은 게임 과몰입의 위험을 내포합니다. 일반적으로 게임을 긴 시간 동안 하는 사람에게 게임에 과몰입되었다고 이야기하지만 누군가에게 게임 과몰입인지 아닌지 두부 자르듯이 딱 잘라 말하기는 어렵습니다. 해야 할 일이 있음에도 불구하고 게임에 오랜 시간 동안 빠져 있다거나 더 중요한 것을 내팽개치고 게임을 한다면 게임 과몰입이라고 할 수 있습니다. 그러나 해야 할 일을 모두 끝내고 게임을 즐긴다든지, 중요한 일이 있을 때 곧바로 게임을 종료할 수 있다면 오랜 시간 동안 게임을 해도 게임 과몰입이라고 보기 어렵습니다. 사람마다 본인이 생각하는 적당한 게임 시간에 대한 기준과 자신을 통제할 수 있는 능력이 천차만별이기 때문에 게임 과몰입 여부는 자신만이 알 수 있습니다.

정부는 오후 10시 이후에는 청소년의 PC방 출입을 금지하고, 가정에서도 늦은 시간 게임을 할 수 없도록 하는 '셧다운 제도'를 시행하고 있습니다. 상대적으로 자기 통제력이 부족한 10대 청소년들이 게임에 빠지지 않도록 억제하기 위해서입니다. 그러나 부모 또는 다른 사람의 주민등록번호를 이용할 수 있는 여지가 있고 청소년뿐 아니라 성인도 게임 과몰입의 위험에 노출되어 있기 때문에 제도의 틀로 모든 것을 예방하기에는 역부족입니다. 사회와 가정에서 게임을 건강하게 활용할 수 있는 방법을 고민하고 구성원에게 스스로를 제어할 수 있는 힘을 길러줘야 합니다. 외부의 규제도 중요하지만 내부의 변화가 함께 동반되어야 실질적인 게임 과몰입 예방에 도움이 될 것입니다.

게임 과몰입이라는 표면에 가려져 보이지 않는 이면은?

만약 친구나 자녀가 지나치게 게임에 빠져 있다면 왜 게임에 몰두하는지 곰곰이 생각해보기 바랍니다. 게임 과몰입이라는 표면에 가려져 보이지 않는 이면에는 그들만의 고충이 있을지도 모릅니다. 학업으로 인한 부모와의 갈등, 인관관계에서 받는 상처, 업무에 의한 스트레스, 미래에 대한 불안감 등이 게임 세계에서 나오고 싶지 않게 만드는 원인이 됩니다. 기저에 깔린 이유를 전혀 알지 못한 채 나무라기만 한다면 당사자를 더욱 게임에 빠지게 만들 수 있습니다.

게임은 사람의 정신을 어지럽히는 것이 목적이 아닙니다. 인류가 창조한 문화 예술이자 놀이입니다. 게임을 스트레스를 해소하기 위한 도구로, 동료와 유대 관계를 쌓기 위한 수단으로, 프로게이머 또는 게임 개발자의 꿈을 실현하기 위한 디딤돌로 활용하면 좋겠습니다. 우리의 노력이 건전한 게임 문화를 만들고 게임에 대한 인식을 좀 더 긍정적으로 변화시킬 수 있을 것입니다.

e스포츠에서 e를 빼라

e스포츠가 생기고 20년 동안 많은 일들이 있었습니다. 생소한 용어였던 프로게이머는 대중적으로 알려진 직업이 되었고 PC방은 편안한 문화 공간으로 자리 잡았습니다. 부모와 자녀는 e스포츠 축제를 함께 즐기고 웃음꽃을 피웁니다. 10대에 프로게이머가 되었던 필자도 어느덧 30대가 되었습니다.

e스포츠로부터 많은 혜택을 받았습니다. 청년기에 e스포츠를 만난 것은 큰 행운이었습니다. 어린 나이에 좋아하는 일, 하고 싶은 일을 마음껏 할 수 있었던 것은 특별한 경험이었습니다. 이렇게 글을 쓸 수 있었던 것도 e스포츠 덕분입니다. 책을 집필하기 위해 마주한 e스포츠 종사자 여러분은 하나같이 e스포츠에 관심을 가져줘서 고맙다고 말했습니다. 송구스러웠습니다. 그들에게 고개를 숙이고 감사해야 할 사람은 필자였기 때문입니다.

대한민국 e스포츠에 집중해서 기술한 점은 아쉬움으로 남습니다. 여러 국가에서 e스포츠가 성행하고 있지만 나라마다 인기 있는 종목은 조금씩 다릅니다. 우리나라에서는 스타크래프트와 리그 오브 레전드가 신드롬을 몰고 왔지만 해외에서는 카운터 스트라이크와 도타에도 관심이 많습니다. 국가에 따라 조금씩 다른 e스포츠 종목, 제도, 문화 등에 대해 자세하게 기술했다면 더 나은 책이 되었을 것입니다. 다음에 좋은 기회가 주어진다면 전 세계 e스포츠를 폭넓은 관점으로 정리하고 싶습니다. 책을 읽으면서 사실과 어긋나는 부분이 있거나 고쳐야 할 점이 있다면 너그러이 이해해주시고 가감 없이 조언해주시기 바랍니다.

e스포츠가 새싹을 틔우기 시작했을 때 태어났던 아이들이 성장해서 프로게이머가 되고 e스포츠의 최대 소비층이 되었습니다. 시간이 빨리 지나가는 것이 야속하지만 동시에 e스포츠가 세대를 아우르는 문화에 점점 가까워지는 게 느껴집니다. 20년 전 10~20대가 30~40대가 되었고 새로운 10~20대와 함께 어울릴 수 있는 문화가 있다는 것은 커다란 축복입니다. e스포츠가 모든 세대를 넘나드는 놀이가 된 그날을 기분 좋게 상상해봅니다. 앞으로도 많은 사람들이 e스포츠를 통해 웃고 즐겼으면 좋겠습니다.

필자의 마음속에서 e스포츠의 e는 희미해진 지 오래되었습니다. e스포츠가 스포츠를 넘어 새로운 시대에 문화의 중심이 되기를 진심으로 바라고 응원합니다.